जटायु, रुगोवा
और अन्य कविताएँ

संग्रह की कविताओं के अनुवादक

केदारनाथ सिंह
किरन सिंह
गगन गिल
ज्योत्स्ना मिलन
बंसीधर शर्मा
महावीरसिंह चौहान
रंजना अरगड़े
शैलेश पंडित
सितांशु यशश्चन्द्र

जटायु, रुगोवा
और अन्य कविताएँ

सितांशु यशश्चन्द्र

राजकमल प्रकाशन

ISBN : 978-93-92757-26-6

मूल्य : ₹495

पहला संस्करण : 2022

प्रकाशक : राजकमल प्रकाशन प्रा. लि.
1-बी, नेताजी सुभाष मार्ग, दरियागंज
नई दिल्ली-110 002

शाखाएँ : अशोक राजपथ, साइंस कॉलेज के सामने, पटना-800 006
पहली मंजिल, दरबारी बिल्डिंग, महात्मा गांधी मार्ग, प्रयागराज-211 001
36 ए, शेक्सपियर सरणी, कोलकाता-700 017

वेबसाइट : www.rajkamalprakashan.com
ई-मेल : info@rajkamalprakashan.com

मुद्रक : बी.के. ऑफसेट
नवीन शाहदरा, दिल्ली-110 032

JATAYU, RUGOVA AUR ANYA KAVITAYEIN
Poems by Sitanshu Yashaschandra

निवेदन

कई बार पूछा जाता है : 'आपकी काव्यविभावना क्या है? कविता के बारे में आप क्या सोचते हो?' सच यह है कि मैं काव्य लिखता हूँ, न सोचकर भी नहीं, सोचने के बाद भी नहीं, मेरे लिए लिखना ही सोचना है, जहाँ सम्बन्ध कविता से हो।

यह 'लिखना' क्या है? लिखना यानी जुड़ना—आज से और आनेवाले कल से। ठीक उसी तरह जैसे पढ़ना बीते समय से पाठक को जोड़ता है। लिखना हमें समय से और स्थल से, दोनों से जोड़ता है—कोई भी लेखन, लेकिन कविता-लेखन इस जुड़ाव को एक अपना खास मोड़ देता है : यथार्थ या वास्तव और भाषा एवं वाणी दोनों के साथ एक मोड़ देते हुए कविता-लेखन आगे बढ़ता है। सतह से कभी नीचे, कभी ऊपर से, बहुत अन्दर तक वास्तव में और वाणी में हमें ले जाता है। इसीलिए कविता के बारे में सोचना और कविता लिखना दोनों एकरूप और समकालीन कार्य है। कविता-लेखन का वृक्ष वास्तव की भूमि में अपने मूल, अपनी अनिरुद्ध कोमलता से, जिस गहराई तक, जितनी दूरी तक ले जा सकता है, वह केवल काव्य-लेखन ही कर सकता है।

जैसे किसी चित्रकार को उसकी अपनी ही खींची रेखा चित्रफलक पर आगे ले जाती है, ठीक उसी तरह भाषा मुझे लेखनपट पर आगे ले जाती है। वाणी केवल अभिव्यक्ति का साधन नहीं है, अनुभूति का भी साधन है। हमारा यथार्थ आपस में बात करने से या न कर पाने से निर्मित होता है। भाषा न केवल यथार्थ का अंश है, यथार्थ की रचना का क्रियाशील अंग भी है। चित्रकार चित्रण करते समय अपने ब्रश या चाकू का केवल एक साधन के रूप में शायद उपयोग करता हो, परन्तु काव्यरचना में भाषा मेरे लिए साधन-मात्र नहीं है। भाषा कवि की निर्मिति का अविभाज्य अंग बन जाती है।

चित्रकला में रंग या रेखा एक 'ब्लोट' है, 'डायग्राम' नहीं, 'धब्बा' है, 'मानचित्र' नहीं, यह बात केनेथ क्लार्क ने बखूबी बताई है। शब्द भी काव्यभाषा में निश्चित अर्थ का 'डायग्राम' नहीं, खुले संकेतों का 'ब्लोट' बनता है। भारतीय

काव्यविचार के अनुसार अभिधा या लक्षणा नहीं, व्यंजना की शक्ति काव्यभाषा को आगे बढ़ाती है।

मेरे लिए लिखना, न लिखने से जुड़ा काम है। एक काम किये बिना दूसरा हो नहीं सकता। जो 'न लिखनेवाला' न हो, वह कवि नहीं बन सकता। कई चित्रकार अपने कैनवस का एक हिस्सा, कभी-कभार बहुत बड़ा हिस्सा बिना छुए छोड़ देते हैं। कवि का न लिखना कुछ ऐसा ही होता है। कवि का 'अ-लेखन' अ-हिंसा जैसा होता है। कविता लिखना कुछ-कुछ हिंसा जैसा भी होता है : एक रचना करना अपने आप में कोई दूसरी रचना को विरचित करना होता है।

इसी कारण कविता-लेखन एक चुनाव भी है और विद्रोह भी; एक स्थापन और एक विस्थापन भी। कविता की सामाजिक, राजकीय आदि प्रतिबद्धता, उसका वास्तव से लगाव, जब भीतर से आता है (न कि कोई थियरी या पूर्वप्राप्त सूचना से), तो वह लगाव कविता की अपनी हिंसकता और अहिंसा की उपज बनता है।

—सितांशु यशश्चन्द्र

क्रम

१

देवों और दानवों ने सरल कर दिया
उस पूर्व का समुद्र मैंने देखा है।

समुद्र

देवों और दानवों ने सरल कर दिया
उस पूर्व का समुद्र मैंने देखा है।

मैंने बड़वानल के उजियारे में पानी देखे हैं।
अग्नि और सीलन अलग नहीं किए जा सकते।
भीगना और जलना एक ही है।

सागर की गहराई से जब मैं बाहर निकलता हूँ
तब मेरे हाथ में नहीं होती मोतियों की मिल्कियत।
मैं गोताखोर नहीं हूँ।
मैं कवि हूँ।
जो भी है वह है, सिर्फ मेरी आँखों में।

[1974]

(अनुवाद : महावीरसिंह चौहान)

बामियान बुद्ध

न होता वहाँ बुत,
स्वयम् ही होते वे वहाँ,
तो भी खड़े रहते उतने ही निश्चल।

पद्मलोचन
शान्तमुख
लहराता चीवर
स्मितमंडित ओष्ठ
वरद हस्त
निर्भय मनुष्य।

[2002]

(अनुवाद : सितांशु यशश्चन्द्र)

हाँ

मैंने कहा :
हाँ
अंडे तोड़कर बाहर आए पँखेरू
सुबह का केसरिया सूरज दिखाई दिया केवड़े की डाल पर,
पेड़ की जड़ों के पास से काली चिकनी मिट्टी
खुलते हरे रंग की पत्तियों का रूप लिये
पेड़ के इस तरफ आ पहुँची।
और साथ ही वधस्तम्भ पर झुके भरे-भरे कन्धों के बीच से
बाहर आए चिकने गाढ़े खून के लाल थक्के।

हाँ, कहने के पहले, बहुत देर तक रुका रहा मैं।
मुझे पता था, उस शब्द के भयानक सौन्दर्य का।

हड्डी तक पहुँचा हुआ फोड़ा तुम्हें हुआ हो और पके ही नहीं
और फिर पके और सफेद हो जाए उसका मुँह
और सरक उठे, और लपके, और रात-भर
तुम्हारा अपना एक पीला सूरज बन झिलमिलाए, और आँखों को चौंधिया दे
चकाचौंध कर दे,
और गॉगल्स तो तुम्हारे पास हैं नहीं, और अनिद्रा,
और बिलकुल अन्त में जाकर फूटे
कह जो फूटे सो हाँ।
आधी-अधूरी हाँ तो कही ही नहीं जाती।
वह हाँ-ना वाली हाँ तो अलग।
मैं तो अन्तिम हाँ की बात कर रहा हूँ।

अंडा फोड़कर सिर्फ मैला पीला मवाद बाहर निकला,

मैंने कहा।
हाँ

और आसपास से सबके
हाथ वापस खींच लिए गए,
दोस्तों के बढ़े हुए हाथ
दुश्मनों के उठे हुए हाथ।

बहुत बड़ी कीमत देनी पड़ती है हाँ कहने के लिए
इस हाँ-ना के प्रदेश में।

ज्ञान के विशाल नगरों की आवलि का मैं यात्री
प्रवासकथा ही नहीं, निवासकथा, तीन खंडों में संस्कृति कथा
लिखनी चाहिए मुझे, अभी, पर तभी
शहर की सीमा से लगे राजमार्ग पर लगे तख्ते को मैंने पढ़ा :
'हमें विश्वास है कि नडियाद शहर में आपको सुख-सुविधा मिली होगी,
पुनः पधारिए!'
तख्ते की दूसरी ओर जाकर मैंने देखा :
मैंने सोचा था कि उस ओर भी ऐसा ही कुछ लिखा होगा
उस ओर वाले पेरिस शहर की ओर से, जिसकी सीमा
उस ओर वाले यात्रियों के लिए समाप्त होती है।
मगर सफाचट था
उस ओर का तख्ता।
उस कोरे तख्ते से मैंनें हाँ कही है।

ऐसा कुछ न कर छोटी-छोटी हाँ कह दी होती तो अच्छा होता,
ऐसा भी लगता हैं कभी-कभी।
छोटी-छोटी 'हाँ' कहो और भागे चले आते हैं भोले-भाले लोग,
'फरिश्ता-फरिश्ता' 'सेवियर कम', 'बचा लो
प्रभु'—और मानते भी हैं कि बच जाएँगे
पवित्र बंधुता के साथ।

'कुदरती सौन्दर्य को क्यों नहीं लाते तुम अपनी कविता में?'
पूछा था हाँ-ना जिले के एक धनिक किसान ने।

तो सुनो : मैंने हाँ कही है हिप्पोपोटामस के जलप्रवेश से कल हास्य
करती नदी से और उस नदी के बर्फीले उत्तरी पहाड़ों पर
आए चैत-बैसाखी-ग्रीष्म काल से।
अब जो बाढ़ आएगी इधर वाले जिलों के गाँवों को बहा ले जाने को
उसे आड़ कोई हाथ नहीं दे पाएगा।

झोंपड़े में तेजी से आग लगे और आदमी सब भाग खड़े हों
और चरनी में खूँटे से बँधे जानवर रस्सी की खींचतान
करें और आँच पास और पास आती चली जाए और
ताप बढ़ता जाए और तेज बढ़ता जाए और
आँखें चौंधिया जाएँ, तब कस कर बन्द की हुई
आँखों के सामने आकर यदि कुदरत कहे
कि 'हाँ बोल, जानवर हाँ बोल',
उसे मैंने हाँ कही है।

बाद में एकान्त पा, अंडे तोड़ कौन कौन बाहर आया?

—चकोर के बच्चे और चील के बच्चे।

रात्रिकमल और रक्तकमल दोनों को खिलने की
एक ही अनुमति आप दें तब आपके आकाश में
कौन-सा समय होना चाहिए, जानते हो?

'हाँ' यह तो बोलनेवाले का अन्तिम शब्दोच्चार।
हाँ, कहने के बाद केवल मौन।

[1975]

(अनुवाद : ज्योत्स्ना मिलन)

जटायु

1

नगर अयोध्या उत्तर में, दक्खिन में नगरी लंक,
सद्-असद् ज्योति विहीन मध्य में वन फैला है रंक।

धवल धर्म-ज्योति, अधर्म की ज्योति लालमलाल,
वन का हरा अँधेरा, वनवासी की अपनी चाल।

शबर हंस बन्दर भालू गज हिरन गिलहरी मोर,
शुक पड़कुल खरगोश बाघ वृक कइओं का कलशोर।

वन का हरा अँधेरा जो कुछ कहे वही सब करे,
चरें, फिरें, रति करें, गर्भ को धरें, अवतरें, मरें।

दर्पण-सा जल पड़ा, पर न कोई जा देखे निज मुख,
प्यास लगे तो पी ले, ले पानी पीने का सुख।

जैसे-तैसे जी लेते, कुछ अधिक न जाने रंक,
कहाँ अयोध्या ऊपर उत्तर, कहाँ दक्षिण में लंक।

2

वन में विविध वनस्पति, सब के स्वाद अलग बहु खंड,
विविध रसों को चखें कोई तो नहीं पाप, नहीं दंड।

उड़ें तोते मिरच काज, मधु काज भँवर ले गोत,
अम्बुआ डारे आम फले, फले देह डाल पर मौत।

कोकिल आम्र चखे न चखे, आम्रघटा छिप जाय,
गीध, मृत्युफलभोगी, दोपहरी में प्रगट दिखाय।

यूँ देखो तो बिन सोचे वो बैठ रहे बहु काल
पकड़े जीवन-मरण बीच की रेखा की इक डाल।

गरदन दाएँ-बाएँ करते, थिर ज्यों-की-त्यों काय,
मानो दोनों बीच असल में भेद न पकड़ा जाय।

जिनके भारी भरकम देह को उठा न पाए वायु,
ऐसे गिद्धों बीच रहे एक गीध : है नाम जटायु।

3

यूँ न खास कोई बात थी, बस उसे बहु उड़ने की आदत,
भोर फटा-ना-फटा, जटायु, समझो, चढ़ा फटाफट।

ऊँचा-ऊँचा उड़े, देखता दूर-दूर तक वन में,
तप्त पवन के बीच उसे कुछ हो उठता है मन में।

उष्ण वायु है, मानो ऊष्माभरा अकेलापन है,
किशोर खग उड़ता है, उड़तो जाता है, उन्मन है।

अनजाने आते विचार, वो वर्तुल-वर्तुल फिरता,
उष्ण अकेलेपन में वो खग अधिक-अधिकतर चढ़ता।

जनम से ही जो गीध है, पैनी हैं उसकी आँखें,
ऊपर से पा गया बड़ी फुरतीली सी दो पाँखें।

माता पूछे बाप से : क्या होगा इसका हाल?
यूँ कोई खास बात नहीं, पर बहु उड़ता है यह बाल।

4

उड़ते-उड़ते वर्ष गए, उड़ रहा अभी तक खग
बेचारा भोला पंखी है और वन तो है ठग।

ऊपर ज्यों-ज्यों उठे जटायु, सहज भाव से मात्र,
नीचे त्यों-त्यों बढ़े जा रहे, देखत, वन के गात्र।

हाथ-माप खग उड़े, तो कूदे बाँस-माप वो वन,
तुलसी तगर तमाल ताल तरु योजन के योजन।

चलो ठीक है, वन है आखिर इस भोले की माता।
देखो उतना, जितना हरा अँधेरा तुम्हें दिखाता।

हँसी-खुशी से रहो, मगर मत भूलो इसकी शर्त
ओ वनवासी, इस वन के उस पार देखना मत।

5

बीते बरस बहुत, बन गया प्रौढ़ जटायु मुखिया
केवल गज केसरी-शवों को खानेवाला, सुखिया।

वन के बीच भरी दुपहर में भक्ष्य खोजने उड़ता था,
खर, बिडाल, मृग, शृगाल शब तो थे, किन्तु वह न झुकता था।

क्षुधा-क्षुब्ध वह उड़ा बहुत ऊँचे, देखा हर ओर
खरहों-स्यारों भरा विपिन, फिर भी खालीपन घोर।

उस खालीपन की ठेस लगी, तो काँप वह उठा थरथर
रहा रोकता वन, जटायु अवश उड़ पड़ा ऊपर।

तो कूद पड़े सब ओर फैलते तुलसी, ताल, तमाल
छोटी-छोटी मृत्यु भरे सब, लगे उसे बेहाल।

बस उसी असावध पल लेने किस पवन लहर का पंथ
एक बार वह घूमा—तो उसने देखा वन का अन्त।

6

नगर अयोध्या उत्तर में, दक्षिण में नगरी लंक
दोनों साथ दिखे, देखता रहा जटायु रंक।

पलभर उसने सोचा, जो कुछ हुआ सो बाहर, कहीं,
पर आया भार दोनों नगरों का पंख-पंख पर यहीं।

झुक गई उस भार तले उसके तन की हर चूल
जान गया था वह अपनी एक नाम बिना की भूल।

दहमुह—भुवनभयंकर, त्रिभुवनसुन्दर सीता-राम,
निर्बल गीध को मिला अचानक एक असम्भव काम।

पवन मध्य ऊँचे नभ में उड़ चला अकेला जीव,
तब सोनामृग, राघव, हे लक्ष्मण, रेखा, स्वांग अजीब

सज आया रावण, सीता ले चला, जटायु तुरन्त
टूट पड़ा बस, युद्ध छिड़ गया, युद्ध छिड़ गया, युद्ध छिड़ गया,
हा हा हा हा हारा, जीवन का यह समीप अब अन्त!

7

दक्खनवाला दिगंत गत, हे तू उत्तरवाले आ,
तुलसी तगर तमाल-बीच मैं निरा अकेला यहाँ।

दया जान कुछ गिद्ध आ गए लिये चंचु अन्धार
पर क्या कहता हूँ मैं, वो कुछ ना समझ सके, इस बार।

झट कर, झट कर, राघवा, मुझे चढ़े मौन का मद,
जब तक बानी जले, तुझे कहने हैं कुछ दो शब्द।

तू तो समय का स्वामी है, तू आएगा तो सही;
पर मैं तो वनेचर मर्त्य हूँ, अब टिकनेवाला नहीं।

तृण-तृण अब तलवार बने, हर व्रण पीहै चकचूर,
बिन-पथ यह वन से वह अयोध्या होगी कितनी दूर?

इस अबोध वन में यूँ मरना मेरा, यही अंजाम?
न तो दशानन दक्षिण में अब, न ही उत्तर में राम।

[1976]

(अनुवाद : महावीरसिंह चौहान)

लड़त

जलाओ फिर से अलाव
पूस की इस रात को, बिना चुनौती यूँ जीतने नहीं देना है।
कबूतर-चिड़ियाँ ठिठुर कर मरे पड़े हैं रीछ
लम्बी नींद में डूबे, पेड़-पौधे मुरझाए हैं, सब सच है यह;
मगर चीते, बाघ, सिंह और गरुड़-बाज
अभी भी टिके हुए हैं, भूल न जाएँ।

ठंडी के काले लोहे के साथ,
अपनी छाती के गह्वर में रखे चमकते पत्थर को
नाभि के निकट तक अपना हाथ कुहनी तक घुसाकर
खींच निकालो
और टकराओ रगड़ो इस तरह
कि चिनगारियाँ निकलें लाल-सफेद।
सोचने का यह समय नहीं है, सुलगाओट
ठिठुराये पेड़ को, लक्कड़ हो चुके पक्षियों के अस्थिपिंजर को,
सुलगाओ इस पूरे पतझड़ को।

पूस की इस रात को बिना चुनौती दिये यूँ जीतने नहीं देना है।

पवन की अँगुलियाँ घुसा वह हमारी हड्डियों के भीतर की हकीकतों को जाँच
लेती है,
रोमावली को अदृश्य चिमटों से पकड़, खींचकर खुली छोड़ दी त्वचा का
तापमान नाप लेती है,
थंड भारी आकाश का भार लाद कर रीढ़ की हड्डी को दोहरी कर देती है,
चेहरा नोच लेती है, अँगुलियों को मरोड़ती है, साँस ठिठुरा देती है।

तो भी,
तो भी अड़े हुए हैं हम।

अभी खत्म नहीं कर पाई है हमें यह रात,
(यह जीत गई हो तो भी) अभी हमारी हार नहीं हुई है।
सुलगाओ अलाव फिर से लाल रंग के झंडे के जैसा चमचमाता, लहराता।

होने को भेदकर हमारे आरपार निकल जाते हैं.
इसके पैने, लम्बे, खोजते सूए
और फिर भी हमारे भीतर कहीं सुलगता, धुआँता, चमकता एक लक्कड़
इसके हाथ नहीं लग पाता। कहीं सुलगता हुआ, खोपड़ी में या पेट में,
या जँघाओं या आँखों के मध्य, जीभ के ऊपर या नाभि में या कहीं-न-कहीं...
कहीं भी

यह रात
कैसे बदल गई पूस की रात में? असाढ़ की
आवाजें, तेज कौंध और मेघल आकाश की घट्ट रात, कैसे बदल जाती है
बैसाख की स्तब्ध हवाओं वाली सुनसान लम्बी-चौड़ी
तारों से उभराती रात में? और फिर क्योंकर
बदल जाती है इस भूखरे रंग के जंगली सूअर के जैसी
दंतुल निकली, ठंडी गोल नाकवाली पूस की रात में?

नहीं, नहीं है यह कोई अकस्मात,
है, यह भी है रात की एक सत्ता
यह भी है एक—है कार, हुंकार।
स्वीकार इसके सत्य को, भाई, और टकरा इसके साथ
पूरी पहचान के साथ।

हड़बड़ी में खड़ा होता हुआ, बिलबिला उठता हो कोई ऊँट
मोटे-मोटे होंठ खींचकर दाँत दिखाता, लम्बी छलाँगों में
चारों पैर फेंकता मटियाली नदी के टूटे तट-बंध की बाढ़
के जैसी कूबड़ को उछालता, थूक उड़ाता, गरदन लम्बी करता,
मुख में आनेवाली हर चीज काटने को दौड़ती और बिलबिलाता, रह-रह
बिलबिलाता और दुर्गंधभरा मानो चिड़चिड़ा ऊँट,

ऐसी यह रात, अकेली, आकाश के मैदान में दौड़ लगाती है और
आगे-पीछे हो गई है धूप, सूरज और गरमी।

तब खींच
इसके बराबर दौड़ते हुए चपलता से खींच ऊँटड़ी की नाक में
पिरोयी और साथ में घिसटती हुई बलखाती रस्सी
खपाक से खींच। उसकी चिरी हुई नाक से
लाल सूरज का धक्का पूरब की अलस्सुबह में उभरकर आ जाए इतनी जोर
से खींच।

यह रात दुर्घटना नहीं है, और नहीं भूल से हुई है, भाग है,
यह रात एक भाग है साल का
जैसे फागुन, जैसे सावन
वैसे ही पूस। एक हिस्सा है हर साल का,
झूठ नहीं, सच है।
स्वीकार
इसे ललकार
है वह, और है तू भी, है-है-कार
न जय-जय-कार, बस है-है-कार, बार
लगा तौल कर अपना वजन पूरा पैरों के पंजों पर, धारदार।
पर यह रात अशरीरी, बस हवा, जाड़ा, दो घंटे और अन्धकार।
किस तरह ललकारेंगे इसे
इसके सत्य को, इसके स्वरूप को?

मानो
पानी में ठोंकना है खूँटा,
छुरा भोंकना है मानो जहरीली गैस के गुब्बारे की छाती में,
मानो बहरा-बावला कर डालनेवाले हाँके की नगाड़िया आवाजों में बाघिन को
अपनी दाढ़ों और पंजों के फौलादी नाखून को घुसा देना है, पर कैसे?

इस रात का जीव, अँधेरे के इस विशालकाय पीपल की शाख-शाख पर
ठसाठस बैठे
हरे हरे तोतों के झुंड में से किसी एक तोते की गरदन की मरोड़
में घुस छिप गया है और उस मरोड़ को मरोड़कर खत्म कर देना है

इस चुड़ैल रात को, पर कहाँ? है कहाँ यह मरोड़? कौन से
तोतों की उड़ाउड़ करते एक जैसे झुंड में से कौन से हरेपन में?
किस प्रकार उसे अलगाना इस विशालकाय अश्वत्थ के असंख्य हरहराते
पन्नों की ओट से उभरती बहुलता में से? कहाँ है इस मायावी रात का जीव?

चाहे जहाँ हो, चाहे जो हो, चाहे जो होना हो, हो जाए, चाहे जो
समस्या-प्रहेलिका आए कथाकाश की
लेकिन भ्रम नहीं है, हकीकत है यह पूस की रात, हमारे ठीक सामने
और पूस की इस रात को चुनौती दिये बिना यूँ जीतने नहीं देना है आज।

बजेंगी, पूरब के छोर पर हाल ही बज उठेंगी कुमुक में चले जाते सूरजनारायण
की घोड़ों की टापें।
दिखेंगे, दो कोस दूरी पर हाल ही दिखाई देंगी फागुन की जलती होली की लपटें।
महकेगी, बस, अब थोड़ी ही देर में महक उठेगी, गुन-गुन भोजन की जी भर
देनेवाली खुशबू...
पर
शायद ऐसा न भी हुआ हो।
और हो सकता है कि
अपने इस अलाव को बुझने से रोकने को न रहे आखरी किरच भी

तो उगना
उगना खम्भे के ऊपर, सहजता से सुलगाया जा सके जिसे
सिर से भी ऊँचा उठता, नाचते नरसिंह का हाथ
पर पूस की इस रात को
यूँ नहीं जीतने देना है आज...

(अनुवाद : बंसीधर शर्मा)

घुमाव के पीछे विश्वामित्री

दुनिया भर की दोस्ती देने जो दौड़े
और
खुद को जिसकी समझ नहीं या जरा भी ऐसी गिनती में डूबे विश्व ने
जिन पर उड़ेले बदबूदार अवहेलनाओं के ढेर पर ढेर

ऐसे कोई विश्वामित्र की
सहमी हुई कन्या
ये है हमारी नदी, विश्वामित्री।

इसके कोई ऐसे तट नहीं, जहाँ पनिहारी जल भरने को आए,
इसके कोई ऐसे घाट नहीं, जहाँ प्रवास को निकले जहाज रुक सकें सुस्ताने के लिए;
इसके कोई ऐसे किनारे नहीं, जहाँ कुछ खरगोश या हिरन शाम ढले टहलने आएँ।

इसके जल में, कमर तक डूबे, अर्घ्य देते ब्राह्मण, या बपतिस्मा थापते पादरी, कहीं कोई
दिखाई नहीं देता,
न इसके पास पानी, जिसे कहा जा सके सचमुच पानी।

झूमें में उमरभर कैद प्राणी और
पार्क में कुछ देर को घूमने निकले लोगों के बीच से
वह तो चुपचाप बह जाती है, पता नहीं कौन-सा प्रवाही लेकर,
पुराने रक्तपित्त से पीड़ित कोई स्त्री जैसे, अपने शरीर को सकुचाकर।
इस नदी को नहीं सुहाता
लज्जा, वेदना, आशा या हल्की सी हँसी जैसी वैभव।

मैंने जब जब उसकी आँखों की ओर देखा है
झुका ली है इसने नजर
चल दी है वह उधर उस घुमाव के पीछे।

हालाँकि, जो सोचें तो
यह भी होगी कभी एक नदी
जैसे गंगा, स्येन, वोल्गा, होआंगहो, ऐमेझोन, नील और मिसिसिपी,
ये नदियाँ हैं जैसे
एक यह भी थी।
भले ही हो बहुत ही छोटी उनसे।

फिर भी थी एक नदी।

बहता जल, जिसमें जलचर विचरते हों, चन्द्र का प्रतिबिम्ब जहाँ पर झलके,
अलस्सुबह बारहसिंगे हिरन और देर शाम ढले चमकीली देहवाले तेंदुए
जिसके सामने विनयपूर्वक सिर झुकाकर पानी पी सके
और खड़ी दोपहरी में बचबच बच्चे की भाँति स्तनपान कर सके
उसके इर्द-गिर्द फैले बीघों फैले खेत,
जिन्हें गर्मियों की धूप ने प्यासे-प्यासे कर डाला हो,
ऐसी नदी।

ऐसा-ऐसा उसके ऊपर के पुल पर खड़ा जब मैं बुदबुदाता हूँ
सिर्फ विश्वामित्री को ही सुनाई पड़े उतनी-सी आवाज में
तब
सुना-अनसुना कर,
आँख जोर से मींचकर, मैली सारी देह पर लिपटाकर
वह उतावली चल देती है, तैरते कचरे के पल्लू में मुँह ढककर,
घुमाव के पीछे।

कभी-कभार आखिरकार
चीजें हो जातीं जब इसके सहने से बाहर
किसी चौमासे वाली रात अँधेरे में
उफन आती है नदी यह
अन्धी लड़की की आँखों की तरह, चुपचाप

सुबह होते ही, तेजी से, वह पहुँचती है, किनारे लाँघ कर, पुल पर होती हुई,
उतावले कदमों से, स्वयं पंजों के बल ऊँची हो
आती है, काले घोड़े पर बैठे, काले लिबास में सजे, पत्थर बन गए, उसके
एक समय के
स्नेह भरे
राजा के पैरों तक,

बाद में
एकदम सहमकर, रुककर, सकुचाकर, हल्के से जीभ को कुचल, होंठ भींच
कर, आँसुओं
को खुद ही पोंछकर, उतरती हुई, आवाज किए बगैर लौट आती है,
चुपचुप,
कीचड़ भरे रास्ते
उस घुमाव के पीछे।

[2008]

(अनुवाद : गगन गिल)

विश्वामित्री के मगरमच्छ

मगरमच्छों को मरने न देना, नदी
तुम्हारे जल को जीवित रखने का अब कोई और उपाय
बचा नहीं है।

मदमाती मादा मगरों के कानों में कहियो
कि हो सके उतने अधिक अंडे दे, फलदायी
चाहे तुम्हारे तटों पर का कीचड़
कितना भी जहरीला हो।

जोश से भरे नर मगरों को कर दृष्टिबद्ध कहना, रे नदी
कि आँखें रखे कोरी और कातिल।
यह भी ठीक ही हुआ कि
मार खा-खा कर भूल गए हैं मगरमच्छ रोना
उनके आँसू पहुँच गए हैं तेरे किनारों को अस्तव्यस्त करते
ओ मरणासन्न नदी!
कि अगर यम का भैंसा आए तुम्हें ले जाने के इरादे से
तो
तेरे पट पर उसने जो अपने अगले पाँव रोप रखे हैं उनसे उसे झपट लेगा तुरन्त
अपना सशस्त्र जबड़ा तीव्र गति से फाड़ उसमें अपने दाँतों को गहरा गड़ा देगा
उसे
असंयमी बने यम के आज इस अविचारी भैंसे को।
रोके रखेगा
रोके रखना उसे अपने तट पर, कि नुकसान न पहुँचे तेरी सखियों को
उस जांबुवा को, ढाढर को और उपरवास पर
पावागढ़ की रुनझुन करती झरनियों को।

मुझे मालूम है कि
तुम कोई गंगा, नर्मदा या ब्रह्मपुत्र नहीं हो
ओ छोटी-सी मेरी नदी,
आज तुम्हारा दिमाग चकरा गया है इस बेतहाशा बारिश में
और घुसकर पैठ गए हैं तेरे चरण, कलाली से कल्याणनगर, सिद्धार्थ बँगले
से सेंट्रल जेल, कोठी-कचहरी से संग्रहालय के पिंजरों तक
तेरा बौराया पानी।

कोई बात नहीं।
समझदार न बनना,
हो सके तो पागल बनकर ही मरना।

समझदारों पर अब किसी को भरोसा नहीं रहा।
क्योंकि समझदारी खुद एक गिरगिट बन घूम रही है,
उधार जल से पोषित हमारी अलग-अलग रंगों की मेंड़ों पर

पागल बनकर ही जिन्दा रहना—अब यही एक रीति रह गई है जीने की
पागल बनकर ही प्रेम करना—अब यही एक रीति बची रह गई है प्रेम करने की
तुम्हारे इन दोनों किनारों पर बाकी सब कुछ प्रेम के अभाव में बौरा गया है,
विश्वामित्री
कुछ प्रेमांश पागलों के, कुछ प्रेम रहित पागल
इसलिए यह भी देखना, ओ नदी

कि तेरी बाढ़ में बहकर वड़ोदरा शहर की गलियों में
रास्ता भूल गए हैं तेरे मगरों के अबोध बच्चे
उन्हें अपने कोमल-दृढ़ हाथों से थाम।
उन्हें फिर एक बार तेरे प्रवाह में छोड़ने जो आए हैं
वे भी वड़ोदरा निवासी ही हैं, विश्वामित्री।

तीनों को पहचानो तुम नदी,
बड़प्पन वाले कुछ वड़ोदरियों को
जो तुझे, तेरे मरकहे मगरों को, और सरापा चढ़ी, ऊँची बाढ़ के पानी वाली
जो तू है
ऐसी, तुझ को चाहते हैं,
और पहचनानना उन्हें भी जिन्होंने जबरन तुम्हारे पानी को जहर पिलाया है

जिन्होंने ये पेय पदार्थ बनाने के परवाने बनवाए हैं कोठी कचहरी और खंडेराव मार्केट में से।

और देखना, हमें पहचानने में कतई भूल न करना जो
तेरे पुल पर खड़े हो मगरों को, गन्दगी को और मृतकों को
एक तमाशबीन की तरह टुकुर-टुकुर ताकते हैं।

काली कलूटी गैरजिम्मेदारी और लाल सुर्ख लालच से
रक्तरंजित बना यह शहर तुझे अधमरा तो कर ही चुका है
पर बलात्कार के बाद हत्या करने की जिनको आदत पड़ गई है ऐसे सभी
तुम्हें जिन्दा नहीं छोड़ेंगे, नदी।
सभी को पहचानना।
कोई तुझे मारना चाहे तब भी तुम नहीं मरना।

और न ही मरने देना अपने मगरमच्छों को।

अपने अंडे खाने आनेवाले जानवरों को
धारदार दंत पंक्ति वाले जबड़े खोल कर तेरी मादा मगरें
किनारों की तरफ दौड़ आती हैं।
और उसी जबड़े को कोमलता से खोल अपने नवजात शिशुओं को उसमें पकड़ती है
और तेरी गोद में खेलने के लिए छोड़ देती हैं, फिर लौटती हैं।
मैं भी जिस कलम से पीड़ा के प्रकोप भरे शब्द लिखता हूँ
उसी कलम से यह विनय-पत्रिका लिख तेरे पास आया हूँ
आज।

बिना ढक्कन की कलम लेकर तेरे किनारे पर रहता एक कवि
तुझसे कह रहा है :
जीवित रहने के लिए
नदी-रूप में बहने की तेरी वाजिब शर्त के लिए
विश्वामित्री, अपने मगरमच्छों को मरने न देना

(अनुवाद : रंजना अरगड़े)

२

क्योंकि इतिहास अब उत्तर नहीं देता
इतिहास तो अब हमारे प्रश्न भी छीन लेता है हमारे पास से।

यूसुफ मेहरअली, एक्सक्यूज मी

1

...फ्री हो तो थोड़ी बात करनी थी।
ब्रोकर को पहचानते हैं, गुलाबदास?[1]
लाहौर अधिवेशन में थे,
खेरवाली[2] छावनी में—? वही, वहाँ आपके
साथी और पड़ोसी थे। उनका पाठक हूँ,
उनकी एक पुस्तक में आपसे मिलना हुआ।

आप भला मुझे कैसे जान सकते हैं?
संस्मरणों की पुस्तकों की मुलाकात का यही हाल होता है।
एकतरफा!

लेकिन यदि आप थोड़ी देर मेरी
कविता में आएँ
तो बातचीत हो सकती है
एक-दूसरे के साथ।

हालाँकि यहाँ सब कुछ अछांदस है,
मुगलिया हुकूमत टूटने के बाद के हिन्दुस्तान जैसा,
अंग्रेजों के आने के पहले के इंडिया जैसा।
जैसे राज बिना का समाज।

शायद आपको पसन्द आए!!
आओगे क्या?

---

1. गुलाबदास ब्रोकर, गांधीयुगीन गुजराती साहित्यकार एवं सत्याग्रही।
2. बालासाहेब खेर : महाराष्ट्र के कांग्रेसी नेता बाद में मुख्यमंत्री।

2

यूँ यह आमंत्रण खतरनाक है आजकल।
किसके लिए खतरनाक?
दोनों के लिए, जनाब!
आपको अपनी कविता में बुलाने के कारण
मेरे लिए,
और मेरी कविता में आने के कारण
आपके लिए भी।
लेकिन आज के समय में यह
खतरा उठाना जरूरी ही है।
और कविता तो रहती ही है न हमेशा
खतरों की जगह पर?
सत्याग्रह जैसी?

आप तो इसके अभ्यस्त हैं? तो ठीक है।
मैं भी अभ्यस्त हूँ। —वेलकम यूसुफ।

3

जगह पसन्द आई?

लेकिन जगह ऐसी है जो शायद
महात्मा जी को न रुचे।

कोई हलवाहा[1] कनफ्यूज भी हो सकता है
कुछ बातों को लेकर यहाँ।
किसी हलवाहे को कुछ नया होने का
एक्साइटमेंट भी हो सकता है।

क्या? आपके भी गांधी जी के साथ कुछ मतभेद थे?
और फिर भी उन्हें पसन्द करते थे?
—ऑफ कोर्स।

---

1. गांधी जी का आग्रह था : खेतों में काम करनेवाला (कुएँ से पानी निकालनेवाले 'कोशिया' मजदूर) भी समझ सके ऐसी कविता लिखनी चाहिए।

मुझे सचमुच इस सम्बन्ध में ही आपसे
मुलाकात करनी थी।
और मेरी कविता जैसी दूसरी कोई जगह
मेरे पास कहीं बची नहीं रह गई,
जहाँ मतभेद या मनमेल को लेकर
खुलकर बात हो सके।

तो आओ वहीं बैठें थोड़ी देर के लिए
निश्चिन्त भाव से
हमारे अछांदस आसन पर।
जहाँ आराम से चौकन्ने रह सकें
और चौकन्ने रहते हुए भी थोड़ी देर को
आराम फरमा सकें।

—बैठिए।

4

बहस की बातें तो
बहुत सारी हैं मेरे मन में
मेहरअली, लेकिन
बात शुरू करने के लिए एक मुद्दा रख रहा हूँ :

रावी के किनारे, लाहौर की छावनी में
आपने जो मुद्दा उठाया था, न? वही।

गांधी के विषय में, उनके प्रस्ताव के
विषय में, याद है आपको?

5

ना ना, यूसुफ भाई, वह नहीं, 'मुकम्मिल
आजादी' वाला नहीं।

ना ना, वह तो है ही : 'पूर्ण स्वराज',
जवाहरवाला, वह तो सिर
माथे पर है।
सचाई यह है कि यह आज तक हमारे
सिरमाथे पर ही चढ़ा बैठा है।
'पूर्ण स्वराज' अन्दर नहीं आ रहा है।
लेकिन फिलहाल इसे जाने दो।

वह लम्बी बात है, और इन दिनों मेरा ध्यान
कविता को छोटा बनाए रखने की ओर है।
क्यों? क्योंकि अब तो कागज भी
नहीं मिलते हैं, कविता लिखने के लिए—
न्यूज प्रिंट में चले जाते हैं।
उन्नीस सौ उनतीस में, रावी तट पर, लाहौर अधिवेशन में,
गांधी को स्वयं ही जो प्रस्ताव
लाने के लिए मेहनत करनी पड़ी थी,
उस प्रस्ताव की बात आपके साथ आज
मुझे इसी जगह करनी हैं, मेहरअली।

हाँ, आपको सही याद आया, उसी की।

डॉ. आलम ने[1] जिसका अच्छा-खासा
मजाक उड़ाया था और बड़ी मुश्किल से
पारित हो सका था। गांधीजी की आँख की
शर्म के कारण।
वही प्रस्ताव, बम ब्लास्टवाला।

6

आप उस समय तरुण थे, सही है न?
'ऊँची इकहरी काया,
चमकदार दाँत,
तेजस्वी चेहरा, बोलती-सी आँखें।

---

1. डॉ. आलम, युवा दल के कांग्रेसी नेता।

स्मित करते होंठ, सिर के बीचोबीच से
निकाली गई मांग, दोनों ओर बहे हुए
काले, घुँघराले बाल। यूँ देखते ही लुभा ले ऐसा बड़ा
आकर्षक व्यक्तित्व'—आप ही थे न वह?

इतिहास कितना बदल देता है
हम सब को—यूसुफ मेहरअली!

7

हाँ, वही प्रस्ताव, गांधीवाला
कुछ दिन पूर्व वाइसराय की ट्रेन पर
किसी भारतीय क्रान्तिकारी द्वारा फेंका गया
बम।
और अब गांधी का प्रस्ताव आया,
उस बम ब्लास्ट के विरोध का प्रस्ताव।

वाइसराय तो बच गए थे, लेकिन
वह प्रस्ताव तो लगभग उड़ ही गया था?
सच है न?
उग्र तरुणों के उपहास के बीच, मेहरअली?
क्या कहा था डॉ. आलम ने उस सार्वजनिक
मंच से?
और खेरवाली छावनी में, पूर्व-संध्या के
अवसर पर, आपके वहाँ,
ब्रोकर के साथ लाहौरी चाय पीते पीते?
रावी का प्रवाह देखते हुए, आपने और आपके
साथ के उग्र तरुणों ने
—क्या कहा था?

यह सब आपसे पूछना पड़ा, यहाँ आ कर,
मेहरअली,
क्योंकि ब्रोकर की पुस्तक[1] में

1. ब्रोकर के पुस्तक में आलेखित व्यक्ति-चित्र।

इसका उल्लेख है, विवरण नहीं है।
शायद और कहीं मिल जाए, लेकिन वह भी
अधूरा होगा,
क्योंकि इतिहास रावी के प्रवाह से भी अधिक तेज गति से बह जाता है।
मिल जाता है भूतकाल के काले पानी के गर्त से।

और मुझे आज सुनना है पूरा-का-पूरा
वृत्तान्त। सारी-की-सारी बातचीत
आपके और गांधी के बीच की।

8

आज बिरादर अगर हमने आपको यहाँ
तत्काल निमंत्रण दे कर बुलाया है, तो इस कारण कि इस खारे पानी में ज्वार आया है ऐसा कि
रावी, कावेरी और गंगा सागर के मुख में
घुस गया है, भूतकाल का अँधेरा जल।
और ब्लास्ट होते हैं हर ट्रेन में
रावी से लेकर इरावती तक
सुरक्षित है वाइसराय आज भी,
लेकिन हमारी ट्रेनों के ब्लास्ट नहीं रुकते
और डि'रेल हो रहे हैं हमारे विचार।

9

काले भूतकाल के गरजते पानी
ज्वार भरे घुसे चले जाते हैं
इतिहासों के बाँधोंवाली नदियों में,
और फिर इतिहास घुस आते हैं
निरर्थक आवाजों से भरे पड़े,
कविता के तटबंध तोड़ते हुए,
हर द्वीप पर बसे हमारे घरों में,
चूल्हों में, घड़ोचियों में,
दिन में दीवानखानों में, रात को शयनखंडों में।

टूट जाते हैं अलंकार, प्रबन्ध, प्रासानुप्रास, भीग कर
लुगदी बन जाते हैं कविता लिखने के लिये मुश्किल से बचाये थोड़े से कागज।
ये आ पहुँचा खारा, खार खाया अन्धा पानी
पानी, यहाँ भी आ पहुँचा है, यूसुफ मेहरअली,
एक्सक्यूज मी।

अब यह जगह भी सुरक्षित नहीं रही,
आपके लिए, फॉरगिव मी,
अब आप यहाँ से चले जाएँ
जवाब दिए बगैर, जल्दी,
इतिहास में!

10

क्योंकि इतिहास अब उत्तर नहीं देता
इतिहास तो अब हमारे सवाल भी छीन लेता है हमारे पास से।

अब, मेहरअली, एक नया प्रस्ताव नए दौर से
मुझे ही लाना है,

मुझे ही अपने आप का मजाक करना है
नए सिरे से।
मुझे अपनी आँखों से देखना है कि
बाकी बची है कि नहीं दो आँखों की शर्म
हमारी इन करोड़ों दृष्टिहीन आँखों में
रावी से इरावती तक...।

[2006]

(अनुवाद : महावीरसिंह चौहान)

हो ची मिन्ह के लिए एक गुजराती कविता

	टेन्त कहुं कच डाळे तो रे
टेन्की	णेन्क टकुं तच हाडे तो ते
आगेकूच	हेन्क तळु कक केडा तो चे
	हेन्क तेन्क कच डान्क तोन्क हां
	कळे डतो चट कळ हुं
	टेन्कत टेन्कत टेन्कत टेन्कत टेन्कत
टेन्क विजयी जैसे	डतो कळे चट कळ हुं
	टेन्कत टेन्कत
	हेन्क तोन्क डट कान्च टान्क हा!
	टेन्त कळे हुं टचडातो हुं
आदमी की वेदना	टेटे ळेळे हेहे चूं
और उसके आखिरी	चे चे चे चे चे चे
हमले का आनन्द	टेन्कत टेन्कत
	होन्क टान्क कचडा हां तो ए
	कहुं कच हकुं हच
टेन्क की	हकुं हच कहुं कच
पीछेहट	कहुं कच हकुं हच
	हकुं हच कहुं कच

(इस रचना में एक गुजराती उक्ति, 'टेंक तळे हुं कचड़ातो रे' ('टैंक के नीचे मैं कुचला जा रहा हूँ)-के ध्वनियों को विविध भावों के उद्दीपन में गूँथा गया है। आक्रमण करनेवाली सत्ता जिस वेदना-उद्गार पर पाबन्दी लगाती है, उसे पीड़ित प्रजा बोल ही लेती है। और तब आक्रामक सत्ता को पीछे हटना ही पड़ता है—जैसे कि वियतनाम में।

पूरी कृति में दो ही सार्थ गुजराती शब्द बोले जाते है : 'हुं' याने 'मैं', जो बार-बार बोला जाता है और एक ही बार, 'टेन्क की पीछेहट' के ठीक पहले बोला गया शब्द : 'ए' याने 'वो' अर्थात् आक्रामक टैन्क। जब अपनी अँगुली 'टेन्क' के सामने उठाकर कहता है, 'वो', तब टेन्क की पीछेहट शुरू हो जाती है।

[1974]

चे गूवेरा के लिए एक गुजराती कविता

आगेकूच

वन वच्चे गेनीरीला
गिरी नीव वन वच्चेला
नरी गिरी नव गच्चेला
गिरि गिरि वरि वरि नरि नरि ना?

हमला

गेन रीव वच्चे लाला
वेव वेव गेला वावा
वावा चेच्चे गन गनरा
वग वग वग चच्चा चच्चा

विजय

चच्च च्चा चच्च च्चा चच्च चच्च चा
गन गन गच्चे वेगे वा
वन गन लच्चे गन वन वा
चच्चेच्चा चच्चेच्चा वन गन वच्चे गेरीला

(इस कविता में गुथा हुआ वाक्य 'वन नी वच्चे गेरीला' है। —'बन के बीच गेरीला')

[1974]

गुरिल्ले बढ़ते हैं वन में, वन में?

गुरिल्ले बढ़ते हैं वन में, वन में? क्या हैं गुरिल्ले वन में? वन में, बढ़ते हैं,
बढ़ते हैं? हैं? गुरिल्ले वन में हैं। कितने? नगर नगर लदे वन में?
लदे हैं, छिपे हैं, नगरों में? हैं, गुरिल्ले, गुरिल्ले, गुरिल्ले! कितने?
कितने? यही बस। यही हैं गुरिल्ले।

पानी में पानी में हैं गुरिल्ले, बाढ़, सेबोटाज? बाँध तोड़ते गुरिल्ले, हैं?
तोड़ते, रस्से से जकड़े, बँधे जेल में बढ़ते हैं, छिपते जल में, प्रकट होते
बाढ़ बन गुरिल्ले।

ऐम्बुश, बुशकोट पहने नगर में गुरिल्ले, कितने? छिपे
लोग वन नगर में गुरिल्ले, वन में? वनस्पति, नगरपति,
नगरपति गुरिल्ले? ऐम्बुश हैं? हैं तो फिर कितने? वनस्पति, हरे-भरे गुरिल्ले,
हरे जहरभरे गुरिल्ले, हरे काँच गुरिल्ले।

[1974]

इब्राहीम रुगोवा के लिए एक गुजराती कविता

यूगोस्लाविया, जिसने न सोवियत रूस के कड़वे अधिनायकवाद को स्वीकार किया और न ही वह मीठे विषैले पूँजीवाद के चंगुल में फँसा। अपने निर्माता मार्शल टीटो के अवसान (1980 ई.) के एक-डेढ़ दशक के बाद तो वह टूटकर बिखर गया। हमारे पड़ोस में पूर्वी यूरोप में घटित दुर्घटना हमारी समझ एवं सहनशीलता को चुनौती देनेवाली है। इसे लेकर मन में एक मंथन सतत चलता रहता है कि वह कौन-सी शब्द और अर्थ की संरचना है जिसके द्वारा इस चुनौती का सामना किया जा सकता है। श्रव्य और दृश्य रूपों की जो सांकेतिक संरचना इस बारे में महत्त्वपूर्ण लगी उसके साथ है यह इब्राहीम रुगोवा के लिए एक गुजराती कविता।

रुगोवा का अडिग एकाकीपन मेरे मर्म को छू गया। किसी एक देश एवं उसकी संस्कृति का किसी कारण से तहस-नहस होना यह एक प्रलम्ब, व्यापक और गहन पीड़ादायक प्रक्रिया है। ऐसे पीड़ापरक काल में अपनी भाव-गरिमा एवं प्रज्ञा-सन्तुलन को बनाए रखना, आत्म-गौरव को सुरक्षित रखना एक सच्ची कसौटी है। रुगोवा इस कसौटी पर खरे उतरनेवाले व्यक्ति है। यह कसौटी सामान्य नहीं थी।

पूर्व में आटोमन सल्तनत और उसके पश्चात् आस्ट्रो-हंगेरियन साम्राज्य के प्रभाव के अन्तर्गत पूर्वी यूरोप का यह बाल्कन प्रदेश इस्लाम पंथी स्लाव जाति-समूह, रोमन कैथोलिक पंथी क्रोआट जाति समूह एवं पूर्वी ऑर्थोडॉक्स चर्च के अनुयायी सर्ब समूह नामक इस त्रिगुट में सम्मिलित था। सन् 1990 के बाद ये तीनों पड़ोसी एक-दूसरे का कत्लेआम (जेनोसाइड) करने अपने-अपने बहुसंख्यक प्रदेशों में से विजातीय लोगों को खदेड़ने के आतंकपूर्ण रास्ते पर चल पड़े। परिणाम यह हुआ कि आटोमन सल्तनत एवं आस्ट्रो-हंगेरियन साम्राज्य से भी सवाई आज की एकाधिकारवादी सत्ताओं के हाथों की कठपुतली बनकर रह गए।

सर्व जाति समूह के नेता स्लोबोदान मिलोसेविच, क्रोआट नेता फ्रान्यो तुजमन तथा कोसोवो की 'कोसोवो लिबरेशन आर्मी' ने इस विघटन और

विध्वंस की प्रक्रिया को अपना नेतृत्व प्रदान किया। मजहबी आस्था के नाम पर ये सब प्रदेश क्रोएशिया, बोस्निया-हर्जेगोविना, सर्बिया, कोसोवो, मेसेडोनिया, मोन्टेनेग्रो जैसे कितने ही टुकड़ों में बिखर गए। पंथों का बर्बर रूप प्रकट हुआ। कैथोलिक, सुन्नी और ऑर्थोडॉक्स ईसाई नेताओं ने क्रोएशिया, कोसोवो एवं सर्बिया के अपने-अपने प्रदेशों में से 'परायों को' तरह-तरह की यातनाएँ देकर निकाल दिया।

ऐसे ऐतिहासिक सन्दर्भ में इन ताकतों के बीच इब्राहीम रुगोवा ने सम्पूर्ण बाल्कन प्रदेश को शान्ति का और स्व-परिचय का एक पृथक् विकल्प बना डाला।

सुन्नी-बहुल कोसोवो प्रदेश में रुगोवा ने शान्ति व सभी समुदायों के एक साथ रहने योग्य एक लोकतंत्र स्थापित करने हेतु मुक्त चुनाव की प्रजातंत्रात्मक पद्धति अपनाकर इसे सम्भव बनाया। एक बार तो समस्त प्रजा ने चुनाव के माध्यम से उन्हें राष्ट्राध्यक्ष निर्वाचित किया था।

यद्यपि मिलोसेविच, तुजमन एवं कोसोवो लिबरेशन आर्मी में से किसी को भी यह स्वीकार नहीं था। 'नाटो' भी इसके पक्ष में नहीं था। अमेरिका की पहल से 'डायटन कॉन्फ्रेंस' जिसे दुनियाभर के लोग 'शान्ति परिषद' के नाम से जानते हैं, का आयोजन किया गया। इसमें से सिर्फ रुगोवा को ही नहीं बुलाया गया। 'कोसोवो लिबरेशन आर्मी' ने रुगोवा के विरुद्ध 'डेथ वारन्ट' निकाला। मिलोसेविच ने इसका बहिष्कार किया और करवाया।

रुगोवा अडिग रहे। वे बीज की तरह इतिहास की फलद्रुप जमीन में विलीन हो गए पर दुनिया के सभी विज्ञ लोग उन्हें पहचानते हैं। रुगोवा मार्टिन लूथर किंग एवं महात्मा गांधी के चाहक एवं अनुयायी हैं। उनको जाननेवाले उन्हें 'गांधी ऑफ द बाल्कन' (बाल्कन प्रदेश के गांधी) के रूप में उनका परिचय करवाते हैं।

ऐसे रुगोवा के लिए (और हमारे लिए) यह एक गुजराती कविता।

ઇબ્રાહીમ રુગોવા માટે એક ગુજરાતી કવિતા

ક લલ લાગ ઘિ ર બોગલ લસ લાસ થ ઘાત [illegible] ઘિ કૃ નિ કંદન કંદ ગઘૂ ઘૂણ ઘૂણ [illegible]
રિસ રિસ [illegible] ફોસાબો કંદન ફોસાવાર [illegible] સર્જ ફેરપ સર [illegible] કંદન
ફોણ સવાર સ્સોસ્સો બોહાન ગોસ્લોગોસ્લો [illegible] રિજરતર રતર [illegible] ઘૂણ ઘૂ
સ્લો બોદા બોદા સ્લો [illegible] ગોવિના [illegible] મેસ મેસ મે [illegible] ફેરપ ફેગ ફે
બોસ્સો બોદાન સ્સો સ્સો ગો સ્સો ગોસ્લો બોદા સ્લો સ્સોર ર સ્સોર [illegible] ગોસ્લોગોસ્લો
[illegible] ગોગો ગોનારો નારો ચિત ચિત ચિતકાર ફોસાવાર વાર વાર [illegible] ઘૂણ ઘૂણ નારો રો
મેલાસો ચિય ચિય ચિય ચિય? ઇબ્રાહીમ રિમ? ચિય રિમ? ચિ [illegible] રિમ [illegible]
રુગો રો ગુ રુગો રો ગુ રુગોવા રો ગુ વારુ વારુ ગુપ ચુપ ગુપ ચુપ [illegible] ગોસાર્જ સર્જ [illegible] રુગો
[illegible] વાર વાર [illegible] નાસર વાર [illegible]
ડાયરન ડાયરન ડાયરન ફોસાવાર વાર ટીરો ટીરો ટીરો [illegible]
[illegible]
રિજરત [illegible] ગોગો ગો [illegible] ગોગો ગો
[illegible]
[illegible]
[illegible] આર આર આર [illegible]
રોરો નારો રો નારો રો નારો રો પીસોના [illegible] રો રો પીસોના નારો રો પીસોના નારો રો નારો રો
રેગૂ રુગો રો ગું [illegible] ગુજરાતી રો તી રો તી ગુજ રો ગુ જ રુગોવા ગુજ રો ગુ જ ગોતી ગોતી
ગુજરાતી રુગોવા ગુજરાતી ગુજરા [illegible] તી રુગોવા રુ વારુ [illegible] ગુજરાતી ગુજરાતી રુગોવા [illegible]
[illegible] ચિત ચિત [illegible]
[illegible] ગુજરાત [illegible]
[illegible]
[illegible]
[illegible]
[illegible] ગોગો ગો [illegible] ગુજરાતી કંદન કંદન [illegible]
[illegible]
[illegible] ગુજરાતી [illegible] ગુજરાતી રિજરાતી રિજરત [illegible]
[illegible] કાશ્મીર કાશ્મીરે [illegible] ગુજરાતી [illegible] ગુજરાતી રિજરાતી રિજરત [illegible]
[illegible]
[illegible]

વડોદરા
માર્ચ-એપ્રિલ, ૨૦૦૨

३

सड़े को बचाए और जिन्दा को मार डाले
आपकी यह कैसी गोदाम है, बड़े सरकार?

गोदाम

1. शिकायत

सा'ब किसी ने यह गोदाम खड़ा कर दिया है
रातोरात, उसी मुहल्ले में, जहाँ हम सब रहते हैं।

आप कुछ कीजिए—कानूनन।

नहीं नहीं, यह तो हमारी अरजी है साहब!

परेसानी? परेसानी की तो आप कुछ पूछिए ही मत।

'अधिकार?' पूछने का अधिकार? वह तो आपको है ही,
है, और पूरा-पूरा है! नहीं, नहीं,
मेरे कहने का यह मतलब कतई नहीं था, सा'ब
अनपढ़ हूँ, गँवार, मेरी बात पर मत जाइए, मेहरबान।

कहने का मतलब कि इस गोदाम ने बड़ी मुसीबत खड़ी कर दी है, सा'ब।

अगर ऐसा न होता, तो क्या हम आपको तकलीफ देने आते?

मुसीबतें थोड़े में ही बतानी हों, सर जी, तो बस है इतना ही कि
न रात में सो सकते हैं और न दिन में जाग पाते हैं, सरकार
लो, मैंने थोड़ा-सा कहा और आप इतने में ही
पूरी हकीकत समझ गए, सा'ब।
आपकी तो जितनी तारीफ की जाए, कम है।

लेकिन, इस गोदाम का तो कुछ करना होगा, कानूनन, हुजूर।

2. मुलाकात

ये ही हमारे घर हैं सा'ब, जैसे हैं, हैं!

वायर? ना सा'ब, वह बात नहीं है
ये, बिजली की चोरी के लिए नहीं हैं, हुजूर।
हाँ, लटक रहे हैं, लेकिन बिजली विभाग के लोग ही
इन्हें, इस हालत में छोड़ गए थे।
दो साल हो गए, तब से जैसे-के-तैसे पड़े हैं।

ऐं? नहीं, नहीं; भला याद क्यों नही होगा? सब याद है।
चुनाव के पहले आपने ही लगवाए थे; हाँ, याद है, हुजूर!

ना ना ना ना, यहाँ क्या किसी ने कुछ कहा? ये तो बस यूँ ही;

ये तो वह लखमी है न वह, और वह उसका किसोर।
उसका, साब, यूँ कि चिपक गया था पिछले साल बिजली के खम्भे से।
गया।
सो लखमी बोली : मेरे किसोर की याद है।
ना, कुछ भी नहीं मिला—न नगर निगम से
न बिजली विभाग से, और न कहीं और से।
—सच हैं न, लखमी?
आप दिलवाएँगे? अरे सुना लखमी, सा'ब मेहरबान
तुझे सरकार से मुआवजा दिलवाएँगे।
समझ में आया कुछ? यहाँ आ जा, आ के पाँव पड़ मेहरबान सा'ब के।

अरे वह तो चली भी गई। अहमक हैं सब के सब,
जाने दो सा'ब।

आइए, हाँ, हाँ आइए। यह है गोदाम।

पीपल के पीछे जो दिख रहा है,
है न बड़ा भरकम, हुजूर?

3. गोदाम में एक नजर

आप जरा देर से पधारे
इसलिए पीपल के नीचे अँधेरा कुछ गहरा हो गया, हुजूर!
यूँ, इस जगह तो दोपहर में भी रोशनी नहीं पहुँचती।

लाइनें तो इन लोगों ने छह-छह डलवा रखी हैं,
तीन दाहिनी ओर, तीन बाईं ओर
दूसरी दो पीछे हैं, रिजर्व्ड।
करंट तो सा'ब धड़ल्ले से आता है
आठ की आठों में सीधा उनके भीतर वक्त, बेवक्त।
पावर की कोई कमी नहीं गोदामवालों को।
लेकिन न जाने क्यों लाइट नहीं जलाते हैं ये लोग।
हाँ, किसी-किसी रात इतनी सारी लाइटें जला देते हैं
कि आँखें चौंधिया जाती हैं।
यूँ तो आए दिन ये जानबूझकर रखते हैं ऐसा अँधेरा।

अरे ओ! जरा सुन, मेरी बैटरी तो ला, कोठरी में से।
वही बीयेसेफ वाली।
हाँ साहब, बी येस एफ में था; पूरे दस साल था,
जनाब कच्छ बॉर्डर पर था। वहीं ली थी, ये बैटरी।
तेज मिजाज ऐसी कि अँधेरे को चमड़ी छीलकर रख देती है।

अभी दिखाता हूँ सा'ब।
बैटरी हमारी, आँख आपकी, खिड़की गोदाम की।

अरे भाई देख तो, कोई न कोई खिड़की
अधखुली-सी होगी, बाईं,
नहीं, तो दाहिनी, धक्का दें जरा, पीछेवाली,
या तो आगेवाली।

4. लेकिन गोदाम में नौकरी?

देखा सा'ब? ये देखो... और ये... ठीक से दिखा?
ये तो सा'ब कुछ भी नहीं है, ये तो खिड़कीवाला नजारा है।

असली मामला तो फाटक खुलने पर नजर आएगा।

हाँ सा'ब, ये है सा'ब, गोदाम का मेनगेट
है न बुलंद दरवाजा, सा'ब? ना, ना मेहरबान सरजी, ना, गुजराती हूँ।
मुसलमान नहीं हूँ।
कंप्लेट गुजराती। यह तो सा'ब यूँ कि बीयेसेफ वाली आदत है, हिन्दी
बोलने की
मेहरबान, आप तो सुनते ही समझ जानेवालों में से हो, सा'ब

ये मेन गेट महाराज! इसे देखनेवाला देखता ही रह जाए। रोशनी में।
टॉर्च से देखें, ये चार-चार इंच की पट्टियाँ, फौलादी।
और उस ओर गोदाम की भीतों में, नीचे ओर इस ओर बाएँ और उस
ओर दाएँ
देखा? जड़ दिये हैं कड़े, और ये सीध में ऊपर सीधे
दूसरे दो जड़ दिए है दीवार चुनते समय
और इसमें कड़े से कड़े तक ये पट्टियाँ भिड़ा दीं सख्त
और तीन-तीन तो ताले हैं सा'ब।
दो नीचे के कड़े में बाएँ में दाएँ और तीसरा
देखो ये बीच में दैत्य जैसा, दोनों पट्टियों के साथ
भगवान ही जाने कौन है इस गोदाम का मालिक,
साहेब! और ऐसा तो क्या रखा है
इन चाभी-तालों में!

उनके आदमी आधी रात आते हैं
तीनों ताले खोलते हैं, पट्टियाँ पछाड़ते हैं, ढकेलते हैं फाटक तो मुहल्ले में सोते
हुए बच्चे चौंक कर रोने लगते हैं सा'ब। और दूसरे दिन हमें नौकरी
पर तो जाना ही होता है। आँखें फाड़े जागते रहना पड़ता है।

नौकरी? हाँ, नौकरी तो करते ही हैं, हुजूर

हाँ, सच है साहब जी आपके राज में नौकरी तो मिल जाती है!

बेकारी? बेकारी की बात तो यह कि यह पास वाली सहकारी बैंक टूटी
इसमें हमारे छह लोगों की नौकरी गई।

ना, ना, छह के छहों बेचारे कारकुन और चपरासी थे, सरकार! इनमें का कोई
भी जेल में नहीं है। जो चार साहब लोग जेल में गए वे चारों जमानत
पर छूट गए। सब ऐश करते हैं, उस बहुमंजिले मकान में।

हमें क्यों दिक्कत, इसमें, सा'ब?
भले करें ऐश वे सभी अपनी अपनी कोढियों में
लेकिन हम छह तो बरबाद हो गए ना, सरकार?

हैं? सच कहते हो? विश्वास नहीं होता है,
आज के जमाने में, सर जी!
अरे ओ भट, ओ राठवा, कोकिलाबेन, छहों आओ
अपने नाम पते लिखाओ हुजूर को।
छहों को साहब खुद ही नौकरी दिलाएँगे।
अरे झट कर कोकी, लखमी आई तेरे घर, और तू...,
अब गई कहाँ, तू?अपनी बिन्दी-टिकुली फिर कर लेना।

कहाँ है हुजूर? कहाँ है नई नौकरी बाबू साहब जी?

गोदाम में?

इस सामनेवाली गोदाम में नौकरी, सरकार?

5. साहब की दी सुख-शान्ति

(पर गोदाम जस-की-तस)

दिक्कत किस बात की? विरोध का तो सवाल ही नहीं, सरकार।
यह तो बहुत बड़ी किरपा है, आपकी, हम पर।

यह तो यूँ कि अचानक सुना तो हम सबको थोड़ा
धक्का लगा, साहब जी।
यानी धक्का तो समझे, पर यह कि, सर जी, नौकरी
इस गोदाम में कैसे—ये भट-राठवा को?

वाह सा'ब वाह! इसे कहते हैं सरकार चलाना, इसे कहते हैं कड़ा शासन!
अरे कहाँ हो सब? सुना कुछ? सा'ब खुद इस गोदामवालों को ठिकाने लाएँगे, कहेंगे
गोदाम रखना हो तो इन छह के छहों को नौकरी पर रखो। और कायदे से पगार पूरी देनी होगी।
वाह, इसे कहते हैं राज और इसका नाम हे सुख-शान्ति!

आपको? हाँ, आपको क्यों नहीं? सुख-शान्ति
आपको तो पहले लेनी चाहिए।
पड़ेंगे ही, पूरे मुहल्ले के वोट इस इलेक्शन में सही जगह ही पड़ेंगे, हुजूर!

साहब-साहब! इस ओर, उधर को उलटी ओर कहाँ चल दिए?
खत्म हुई? खत्म हुई आपकी मुलाकात?
क्या और कहीं और भी जाना है, सा'ब?
लगता है मेमणवाड और मिसनवाड में भी
गोदामों का कुछ ऐसा ही कोई मामला हुआ है?

तो ठीक है, सरकार, वहाँ भी जाकर देखो।

पर साहब! साहब! इस सामने के गोदाम का कुछ नहीं करेंगे?

6. एक सजेशन

(रू-ब-रू कचहरी में)

ना, हुजूर,
कोई नया लफड़ा लेकर नहीं आया, साहब जी, वही पुरानी पेशी है,
गोदाम वाली।
तीन मास पहले, आप जहाँ पधारे थे, उसी मुहल्ले की, हाँ बड़े सा'ब।
वही, पाँच पट्टीवाला गोदाम।

उसके बारे में सिर्फ इतना कहना है, हुकुम, कि
वह आज भी जहाँ-की-तहाँ मौजूद है।
मेहरबान सा'ब, बहुत बड़ा त्रास हो गया है, सबके लिए

अब तो सहा ही नहीं जाता इसीलिए आए हैं।
सिर्फ हम पाँच को आने की इजाजत मिली है, आपकी हाजिरी में।
दूसरे भी बहुत सारे अरज करने आए हैं
बाहर दालान में खड़े हैं, सांती से।

थोड़े में ही, थोड़े ही में, मेहरबान सर जी, थोड़े में अरज यह कि
यह बस्तीवाला इलाका है, अक्सर महामारी फैलती है,
पिछले महीने ही चार मौतें हो गईं,
मे'रबान! अब तो मे'रबानी करो!
कौन जाने क्या-क्या लाकर रखते हैं गोदाम में!

कोई भी बूढ़ा नहीं था, सर, मरनेवालों में
एक भी बूढ़ा नहीं था
दो तो अल्हड़ जवान ही थे, मैयत में,
और दो बच्चे थे, इस बूढ़े का तो
एक का एक बेटा चला गया, यही कोई बीस-इक्कीस का रहा होगा।
किससे कहें
अखबारवालों से?

सरकार, आपको धमकी देंगे? हम क्या देंगे?
अखबारवाले हमारे पीछे पड़ते हैं,
फिर भी हम अपना मुँह नहीं खोलते, आप तो मालिक हैं।
सिर्फ यह एक आपके सामने बोलने की जगह बची है,
उसे बची रहने दो मेरे माई-बाप!

तो साहब, इस गोदाम की कुछ चीजों को 'डिछपोज' नहीं कर सकते?
बीयेसेफ में सुना है सा'ब, 'डिछपोज' और 'डिछपोजल'।
उस पार से तस्करी में जो आता है, बोरडर में, उस माल के लिए।

ना-ना... बड़े सा'ब, गोदाम में सीमा पार का कहाँ से आया?
मेरा मतलब ऐसा नहीं था।
उसमें तो सब यहाँ का लगता है।

लेकिन सरकार, बोरे-के-बोरे आज तक कितने टैम से वहाँ के वहाँ है।

बदबू मारते हैं, बड़े सा'ब!
कीड़े-ही-कीड़े हो गए हैं, माई-बाप!
गोदाम से निकल-निकलकर
हमारे घरों में घुस आते हैं, चमड़ी चूस लेते हैं, सर जी!

गोदाम में क्या-क्या है, बिना देखे
कैसे कह सकते हैं, बड़े सा'ब!
हम तो सिर्फ इतना जानते हैं कि
हमारे बाल-बच्चे देखते-ही-देखते ढेर हो जाते हैं।

अब सहन नहीं होता है, माई-बाप।

सड़े को बचाएँ और जिन्दा को मार डालें
आपका यह कैसी गोदाम है, बड़े सरकार!

7. ये कैसे हो सकता है, सरकार!

(साहब फिर से मुहल्ले की मुलाकात पर)

ना, ना, ये कैसे हो सकता है सा'ब?
ऐसा नहीं हो सकता!

सरकारी हुकम से हमारी बस्ती का यह पूरा इलाका गोदाम का हिस्सा जाहिर कर दिया जाएगा?

पहले से ही था? कब से था, सा'ब?
पहले से यानी पहले से, सा'ब?
लेकिन, सरकार, पहले तो ये गोदाम था नहीं यहाँ।
बस्ती? बस्ती तो थी ही, कम से कम मेरे दादा के समय से तो थी ही।
मैं तो पैदा ही यहाँ हुआ था, सरकार।
ये सब यहीं बड़े हुए थे।

बस्ती तो बाद में हुई? असली, मूलभूत, पुराने, सरकारी दफ्तर में, सही नाम यही था—गोदाम?

मेरबान?
मेमणवाड और दूसरी जगहों में भी वही हाल है?
साहब?
कहीं पर बस्ती नहीं हर जगह गोदाम?
गोदाम में ही बस्ती हुई?
गोदाम ही बस्ती है? बस्ती ही गोदाम है?
नहीं-नहीं, बड़े सा'ब नहीं...

ऐसा क्या हो सकता है, साहब?
ऐसा नहीं हो सकता

8. हल

आओ सा'ब, मेरबान हुजूर पधारो, आए कैसे, हमारे यहाँ?

सिकायत सरकार? हमारे बस्तीवालों के खिलाफ?
फौजदारी?
ऐसा तो होता रहता है सा'ब, सिकायतें तो होती रहती हैं,
दीवानी की भी होती हैं और फौजदारी की भी, इसमें आपको दौड़ने की क्या जरूरत थी?
आप तो इस काबिल हैं कि कचहरी में बैठकर सिकायतें सुनें,
और हम इस काबिल हैं कि कचहरी में आकर सिकायत करें।
बस्तीवाले भी, गोदामवाले भी।
सरकार आप तो बस सुन लें; ज्यादा-से-ज्यादा सबको अपने बँगले पर बुलाकर सुन लें।

ना, ना, सरकार भला हम गुनाह करेंगे? और वह भी ऐसा कि गुनाह लागू हो हम पर?
हम तो साहब—अगर आप गिनने जाएँ तो हम हजारेक कुटुम्ब की बस्तीवाले,
पाँच-छह हजार लोगों की हमारी बस्ती,
हर एक दो-दो बार वोट दे, तो आँकड़ा दस-बारह या पन्द्रह हजार पर पहुँचता है।

पाँच साल में एक बार अब तो समझो दो बार
तीन-तीन बार भी होता है, वो, कभी-कभी
तो हुजूर, आँकड़ा छत्तीस हजार पर पहुँचता है।

अब आप ही कहो, आप तो सब जानते हैं,
भला छत्तीस हजार लोग गुनाह करेंगे?

नहीं ही करेंगे ना, सरकार? वाह! आप सब कुछ पचा जाते हैं, समझदारी
के साथ।
हम तो आपकी सन्तान हैं, माई बाप! आप भला कैसे हमारा बुरा चाहेंगे,
कभी भी?

और अब गोदाम की तो पूरी पहेली ही सुलझ गई सरकार। हमने तो इसे
खोल डाला।
हमने गोदाम खोला और हमारी आधी बस्ती तो वहीं रहने चली गई सरकार!
यूँ भी हमारी बस्ती की
आबादी बहुत बढ़ गई थी आजकल!

सरसामान? बड़े सा'ब! कैसा सरसामान?

सरसामान का तो यूँ है : अच्छा था।
कुछ का तो एक्षपोट हो गया;
और जो बाकी रहा, मैंने कहा था न, वैसे
डिछपोज कर दिया, सा'ब,
अब आप से क्याँ छिपाएँ नामदार?
इस पर भी जो बच गया, हुजूर, उसे
हम सब बस्तीवालों ने ही यूज में ले लिया :
दिन-दोपहर यूज वाली दिन-दोपहर,
और रात वाली रात-आधी रात।
बच्चों ने, जनानियों ने और मर्दों ने, सबने अपने-अपने ठिकाने लगा दिया।

अब तो हम बड़े मजे से गोदाम की चीजों को काम में लाते हैं, बड़े साब!

गोदाम में सामान भी तो ऊँचे किस्म का था; मालिक!

कुछ सड़ा-गला सामान भी न हो, वह बात नहीं;
लेकिन उसे तो हमने काग में ले लिया
खाई-खंदकों को पाटने में।

बाकी की चीजें काम में ले ली हैं।

उस छुटकू की कलाई में घड़ी देखी, सा'ब?
अरे छुटकू! सरकार को अपना टेम तो बता।
हुजूर, घड़ी मिली तो उसे देखना भी सीख गया, वो साला पिद्‌दी!
और उस मोड़ी ने जो गहने लटका रखे हैं,
वे सब गोदाम के अन्दर से ही निकाले थे, सरकार!

आसीरवाद दो, मालिक,
अरे वो अतर की फुसफुसवाली कुप्पी ला, एक्षपोट वाली,
लगा साहब के, लगा-लगा, वाह रे वाह, मालिक!
हाँ, हाँ, काँख-बगल को भी महका दे!

पहले तो कैसी बदबू मारता था, गोदाम, तब, जब बन्द था!

नहीं हुजूर, फिलहाल तो कोई सिकायत नहीं हैं।
अब आपको जाना हो तो जाएँ हुजूर,

देखो न, गोदाम का सवाल तो सुलझा डाला है इस बस्ती ने ही, सरकार!

[2003]

(अनुवाद : महावीरसिंह चौहाण)

४

जहाँ कहीं भी हो सूरज, भले रहा,
रात्रि का मर्म बन जगमगाता है
अब, यहाँ, यह सूरजमुखी!

पत्थरों के नीचे

क्या हो सकता है पत्थरों के नीचे
हीरे? और क्या। पानी? हाँ, शायद पानी।
कहाँ? शायद पत्थरों के नीचे।
सचमुच?
क्या हो सकता है पत्थरों के नीचे? लावा? हीरे? हाँ, निश्चय ही हीरे। पानी,
पत्थरों के नीचे।
वहाँ पोता गया तेल और उड़ेला गया सिन्दूर।
नहीं?
झिलमिल कपड़े और घी के कमल।
लेकिन तब?
प्राणप्रतिष्ठा हुई शिवलिंग की
और उस पर लगातार गिरती रही जल की धारा।
अब क्या होगा?

यह पड़ा रहेगा पत्थरों के नीचे
क्या पड़ा रहेगा? शायद हाँ।

उछाले हैं पत्थर
अबूझ आकाश की ओर।
उससे क्या?
कहीं तो चार पाँव और एक तीर।
कहीं सात पुरुष और एक स्त्री।
कहीं एक शिकारी
कहीं एक हिरन तारों का और चन्द्रमा का एक हिरन,

मूक निहारते हुए एक-दूसरे को
अपने पारधी, अपने राहु की चिन्ता में निमग्न।

कहीं है निरन्तर अस्थिर गह्वर में ध्रुवतारा।
अब बातें मत बनाओ!
अबूझ पत्थर अबूझ आकाश में
अबूझ के द्वारा फेंके हुए।
नाम दे दिए पत्थरों को।
पत्थरों पर प्रकाश, पत्थरों पर जीवन, पत्थरों पर पानी

बहाव रुकता नहीं।
क्या हो सकता है पत्थरों के नीचे?
पत्थरों में क्या हो सकता है?
क्या हो सकते हैं पत्थर?

[1972]

(अनुवाद : केदारनाथ सिंह)

हर चीज, दो दो

हर चीज जो मेरे पास है, दो दो है
हर दरवाजा, हर दीवार, हर चाँद,
हर मैदान, हर शहर या कप या सितारा

एक कप काँच का बना हुआ
और वही स्टेनलेस स्टील का बना हुआ।

काँच के तारे को
हर सम्भव सँजोये रखता हूँ
बन सके उतने ज्यादा समय।

बरसों, क्षणों, सदियों या हफ्तों तक उसे बचाता रहता हूँ,
टूटने से,
चिड़ियों के पंख से,
जो कर सकते हैं टुकड़ा-टुकड़ा।
कहीं फिसल न जाए हाथ की पकड़ से,
लग न जाए कहीं पैर की ठोकर,
नीचे न जा पड़े यह किसी की खुली खिड़की से,
काँच का यह तारा या शहर।
इस कोशिश में लगा देता हूँ मेरी जिन्दगी

आखिरकार
जब वह काँच का बना कप
अचानक टूटता है
अप्रत्याशित।

तब
आहिस्ते से
मेरे खयाल में आती है
पूरी लबालब भरी हुई स्टील की चीज।

[1983]

(अनुवाद : गगन गिल)

पानी में घन पटकता हूँ

पानी में घन पटकता हूँ
और बजने लगती हैं झालरें हवेली की

एक भवन ऐसा भी है
खोजते-खोजते जिसे निकल जाते हैं नगर के पार

शाम को डूबा-खपा सूरज
कँटीली रात की अटपटी किन तारा-पगडंडियों से हो कर
आ पहुँचता है भोर के छोर पर
कुछ कहा नहीं जा सकता

आग की लपटों के उगते हैं लम्बे पंख
उड़ जाता हूँ चन्दन आकाश की
चोटी तक

भूरी बिल्लौरी हवा संग टकराता हूँ
मद झरते हाथी सा
तो खुल जाता है जो
वह भी दरवाजा है एक

इसके उस तरफ के भवन में भी
बज उठती हैं झालरें हवेली की

[1982]

(अनुवाद : गगन गिल)

यह वृक्ष है

फूल झर गए, पत्ते खिर गए, डालियों के झंखाड़,
लेकिन वृक्ष है।

सितारों से लबालब आकाश।
इसकी ओर देखना तक नहीं

तो क्या?
वृक्ष है।

ऋतुराज नहीं है,
तब भी सख्त भूमि में कुछ तलाशती हैं जड़ें।

पानी नहीं है
परन्तु पानी का अर्थ है :
पेड़ प्यासा है।

फिलहाल तो कुछ भी नहीं लगभग,
और सब कुछ है अभी, यहाँ, इसी वक्त :
है, यह वृक्ष है।

[1978]

(अनुवाद : ज्योत्स्ना मिलन)

सूरजमुखी

केसरिया आँखें मूँदे खड़े हैं सूरजमुखी,
अँधेरे की हवाओं में झुके हुए.
अंधड़ ही तो है अन्धकार का।
अन्धकार का घातक पानी
सूरजमुखी की जड़ों को
पचास-पचहत्तर उँगलियों से पकड़कर
धीरे-धीरे ऊपर को सरकता है।
तने के भीतर-ही-भीतर
पत्तियों तक पहुँचते-पहुँचते तो,
अँधेरे को भी,
हो जाना पड़ता है केसरिया।
सूरजमुखी के केसर-रंग मुँह को
पचास-पचहत्तर उँगलियों की गिरफ्त में लेकर
अँधेरी कूँची फेरता है अन्धकार
अँधेरे की पर्तों के नीचे सूरजमुखी का मुख
केसरिया।
झुके हुए, अन्धकार की हवाओं के बीच, खड़े हैं
आँखें मूँदे सूरजमुखी।
जहाँ कहीं भी हो सूरज, भले रहे,
रात्रि का मर्म बन जगमगाता है
अब, यहाँ, यह सूरजमुखी!

[1982]

(अनुवाद : ज्योत्स्ना मिलन)

पीड़ा के पुष्प

पीड़ा के कुछ पुष्प
मह-मह महके, गुच्छ-गुच्छ, ये बड़े मुलायम...
घूँट-घूँट पीता हूँ, होश गँवाता जाता,
इतनी भीतर पहुँच, कहो क्यों मुझे भिगोते, पुष्प?
पीड़ा के कुछ पुष्प...

इनके भीतर मेरा मूल, मन में,
हौले-हौले रहूँ झूमता, धीरे बहती हुई हवा में, उष्ण,
इक पेड़ बना मैं, पीड़ा के महावन में।
खुरदुरे तने हो तन में,
स्वजनहीन निर्जन में।

ऊपर उजड़ा चाँद चढ़ा है,
होगी दूज या तीज।
मुझे न इसका कोई आधार।

भोथरी कुल्हाड़ी से धीरे-धीरे मेरी
काट रहा गरदन।

फुरसत से मैं तड़प तड़प छटपटाता...
और काम भी क्या है सर पर?
ढूँढ़ता नहीं, फिर भी आ मिलते,
टप् से मेरे ऊपर आ गिरते, पुष्प,
पीड़ा के ये पुष्प।

[2003]

(अनुवाद : महावीरसिंह चौहान)

तारे

नक्षत्रों की कल्पना करनेवाले ऋषि को
ब्रह्मांड भर फैले-बिखरे हुए तारों का कितना डर लगा होगा,
मैं जानता हूँ।

तारे सचमुच डरावने हैं
या फिर सुन्दर।

अपने प्रकाश से हम तक पहुँचने में
सैकड़ों या इससे भी अधिक वर्ष लगते हैं इनको।
हमारे जीवन-काल से बहुत अधिक।

हालाँकि
भोर के समय
जब तारे एक के बाद एक अदृश्य होने लगते हैं, तब केवल सामने के नीम की सबसे
ऊँची डाल के ताजे पत्तों की भंगुर आकृति ही हमारी आँखों की मदद करती है।

सौन्दर्य जब डरावना नहीं होता, तब कितना नश्वर होता है।

इसीलिए तो मुझे कभी-कभी यह विचार आता है कि
अपनी आँखों को उनके कोयों से निकालकर
किसी पर्वत के शिखर पर रख आऊँ,
ताकि वे तारों की सुन्दरता देख सकें,
मेरी सुरक्षा की चिन्ता किए बिना।

इस सूरज की डरावनी गलियों में
मैं तो अपना काम चला लूँगा
एक किसी डंडे से।

लेकिन
बाद में
मुझे याद आता है, अपनी प्रेयसी का क्षणिक चेहरा

मुझे मेरी आँखें चाहिए।

[1979]

(अनुवाद : महावीरसिंह चौहान)

५

मेरे छप्पर पर भले ही भभक उठते हो, किसी के भड़काने से,
पर मेरे दिल में भी दहक तू,
मेरी पसलियों के पंख पसार,
आ, इधर आ अगनदेवा, यूँ मत तोड़ इकरार।

मुकर मत

परगट होता है पेट में और चूल्हे में जा कर बुझ जाता है,
अगनदेवा, यों मुकर मत।
दिखाई देता है मेरे घास की छप्पर पर,
और थीजने पर लहू में ढप हो जाता है;
अगनदेवा, यों मुकर मत।

थोड़े तिनके और रुई, थोड़े
पंखों और पत्तियों का जुगाड़ कर कोई उड़ाउड़ करती चिड़िया
गूँथती है नन्हा-सा नीड़,
यों भागदौड़ कर शीत-सिराई साँझ में किया तेरा आदरभरा थापन,
सुर्खी भरी लालिमा वाले बड़े-से अंडे की तरह, अलाव के अदने-से
घोंसले में।
अब मधरात की गजर बजी न बजी और यूँ
उड़ जाना मानो आए न आए यूँ उड़ जाना, धुएँ की भूरी-भूरी पाँखें पसार
दूर-सुदूर आसमान में?
अगनदेव, तुम्हारे-हमारे बीच दूरी बहुत बढ़ती जा रही है।

मेरे छप्पर पर भले ही भभक उठते हो, किसी के भड़काने से,
पर मेरे दिमाग में भी दहक तू,
मेरी पसलियों में पंख पसार,
आ, इधर आ इधर आ अगनदेव, यूँ मुकर मत।

ये मिडल स्कूल के मास्टर जी, सीताफल खरीदने आए थे,

कहते थे, कुदरत के काल-चक्र में कभी-कभार आते हैं लम्बे बर्फीले हिमयुग,
कई हजारों साल

चलनेवाले।
ये जो चारों ओर नजारे हैं, उसी के ही तो लगते हैं न, अगनदेव?
हरे-भरे थे, मीठे-मीठे भरे-भरे और कुरकुरे
इस सीताफल की डाल के फल हो गए हैं काले सूखे और कड़े

लगातार मूसलाधार बादल बरसे आकाश से और पास वाला तालाब
फट जाए और पानी सींव से
आए और घुस जाए पूरे गाँव में,

वैसे ही रात की मेंड़ तोड़कर, आने लगा था हिम, बड़ी सुबह से;
सुबह को पूरा ढककर गिरने लगा हिम; निरा हिम बरसता रहा है
पहरों तक, दोपहर ढक, हिम बरसता है, ठिठुरते रहे हमारे मुहल्लों
के अंग-अंग,
बालक ठिठुरते पड़े पालने में, मरघट में ठिठुरती बैठी मौत।

तुम तो बेशरमी से भड़-भड़ सुलगते रहे हो नित नई चिताओं में,
जैसे बीड़ी का कश ले रहे हो आराम से;
बेशरम सरपंच और उसका पूरा पंच अपनी रोटी सेंक रहा है उन चिताओं की
आग में, अपनी
बीड़ी तुम्हारी बीड़ी से जलाते हुए।

थोड़ी दूर खड़े-खड़े मास्टर जी काले, सूखे सीताफल को दबाकर खोलते हैं,
निकलता है अन्दर से
सफेद गूदा फटकर हिमयुग।
डर में डूबे मास्टर भूल जाते हैं चौंसठ विद्या, अठारहों पुराण, इतिहास, भूगोल,
गणित और
शास्तर,

बच्चे बिखर जाते हैं, मानो स्कूल में छुट्टी हो गई हो।
वचन दिया था तुमने, अलाव के चारों ओर सबको इकट्ठा करने का, अगनदेव!
फिर आज ऐसा क्यों?

कथावाचक महाराज ने कहा था पिछली कथा में
कि तुम स्वयं वेद हो।

सब कुछ जानते हो, चौंसठ विद्या, अठारहों पुराण, इतिहास, भूगोल, गणित
और समाज शास्त्र,
तो फिर क्यों इस ऐन वक्त पर गुमसुम हो?
दूर जाकर खड़े हो गए हो, खोये-खोये,
हाथ में थामे सीताफ़ल, काला स्याह।

ठंड पड़ रही है, जहाँ छुओ वहाँ हिम, भीगाभच्च,
मास्टर जी की पुस्तक में, शर्राफ के बहीखाते में, महाराज की पोथी में, मौलवी
की किताब में, साहब के रजिस्टर में।

डाकिया अभी अभी दे गया एक बन्द लिफाफा, लो।
बन्द लिफाफे में से तू निकलेगा, अगन, ये हमारी कामना है।
बन्द लिफाफे से निकलेगा सफेद चूरा बरफ, इसका हमें डर है।

हमारी कामना और हमारे डर के मध्य खालीखट पथरीले प्रांगण में
तू क्यों आकर खड़ा नहीं होता, अगनदेव?
पोथी, किताब, बहीखाते और रजिस्टरों का पन्ना पन्ना भीग गया है,
पढ़े-गुने उसे पढ़ न पाएँ ऐसे धुल गए हैं उनके अक्षर और अंक।
धुल चुके अक्षरों को, अंकों को औंधा सीधा पढ़ते जाते हैं
सारे के सारे दबंग हाकिम,
और कहते हैं हमने जो बाँचा है वही सच्चा है तुम्हारे लिए।

प्रकट है अब और जला दे इन पोथों को,
हम निरख्खर
खुली आँख देख लेंगे तेरी लौ
और उसके उजास में
साफ-साफ पढ़ लेंगे अख्खर-अख्खर, अंक-अंक, उन जलते पन्नों को।

हम निरख्खर सो गियानी।

जनम लेना, सो ही जानना, देवा।
कोई भले ही कहे सिर्फ तुम्हें ही जातवेद।
मैं तो कहूँ, जो जनमा सो सब जाने।

बिन-जनमे जान गए हैं जो, ऐसों के पंच के पंच पड़े हैं
घासफूस से छाये छप्परों पर, पकने के लिए रक्खें फलों की तरह, बोझिल।

हमें नहीं सही, अगनदेव, उन्हें तो अपनी गरमाहट दे।
थोड़ी-थोड़ी गरमाहट, जो उन्हें पका सके।
भले ही न पक सके थे वे सीताफल के पेड़ की डालियों पर,
दरगुजर,
पर वहाँ तो पके, छत पर, छप्पर पर, आराम-भरी घास की सेज में।
पके और पोसे।

लेकिन अगर न ही पके खुद, न पोसे औरों को ये फल,
तो तू आ दौड़ कर, कूद कर, लाँघ कर सब, आ पड़ तू अगनदेव हमारे ही
छप्परों पर, भड़क
उठ हमारी भयभीत आँखों के सामने, हम बुलाते हैं तुझे, यूँ ऐसे ही सही।

पुराना नाता है हमारा-तुम्हारा मटकी से मटकी तक का।
प्रसूता की खाट तले महक से भरा तू धुआँता है।
और अग्निदाह करने जानेवाले व्यक्ति के हाथ की
मटकी की सुतली के बीच छटपटाता है तू।

उन दो मटकियों से पहले या बाद की किसी बात की कोई खैर-खबर नहीं

कौन-सा युग चल रहा है आज, पता नहीं।
अगला ग्रहण कब होनेवाला है, और उसके बाद और उसके भी बाद का,
मुझे आता नहीं
उसका गणित लगाना।
अपनी आँखें उठा इतना देख सकता हूँ साफ-साफ
कि यह आकाश में सूरज बुझा-सा हो गया है

यह आसमान हमारे बस में नहीं है,
ठंडी हवाएँ हमारे बस में नहीं हैं,
हिम भरे बादल हमारे बस में नहीं हैं,
फूटते तालाब, डुबा देनेवाला पानी,

धुल चुके अक्षर वाले रजिस्टर हमारे बस में नहीं।

आसमान के साथ हमारा हाड़-मांस का नाता नहीं है,

उसे कहाँ है कोई हाड़ और मांस?

आकाश का बचा-खुचा उजाला,
अगर अब हिमयुग आ ही गया हो और बुझ भी जाए,

और हम अँधियारे दालान में उठाएँ जब
टटोल कर कोई एक लालटेन,
कुछ जंग लगी, पिचकी सी, चटके हुए काँच की हंडी वाली,

तब तुम जरूर आना
ज्यादा मत सोचना
नन्ही-सी बाती के सिर पर उभरना,
गंधक और घासलेट (मिट्टी के तेल) की गंध के गंधाये, ओ अगनदेव,

अँधियारे से घिरे फिर भी अँधियारे से जूझते उस दालान में
अवश्य बनाए रखना अटूट
यह नाता,
एक कच्चे घड़े से दूसरे कच्चे घड़े तक का जो हमने किया है मुकर्रर।

[2001]

(अनुवाद : महावीरसिंह चौहान)

पेड़ और जानवर

यह एक पेड़ है कि ढेर सारी बकरियाँ?
इस सवाल को लेकर में अभी तक द्विधा में हूँ।

साँझ ढले सैकड़ों छोटे-छोटे पंछियों की चहलपहल से पेड़
पगली बुढ़िया की आवाज में ढेर सारे मधुर गीत गाता है।

मैं भी तिर्यक धूप की कत्थई रंग की ढलान पर भागने लगता हूँ।

ढेर सारी काली-पीली बकरियों जैसी कूदफाँद करता है पेड़।
मेरे अलग-अलग मुखों में तब ताजे रखे पान का
कसैला स्वाद चरचराने लगता है।
और साथ ही मेरे ही कानों में से नई डालियों की
कोंपले फूटने लगती हैं।

दौड़ने के लिए तत्पर सैकड़ों खुरों को रेशे जैसी
जड़ें जकड़ लेती हैं न जाओ, न जाओ, कहते हुए।
बुढ़िये पंछी और बकरियों की आवाजें
आहिस्ता-आहिस्ता थम जाती हैं।

और इसीलिए पेड़ का अत्याचार थम जाता है
और पवन थम जाता है।
और इसीलिए आसमान दूर तक कुछ अलग हो जाता है।
और सातवाँ पाताल भी

पास के पाताल कुएँ में झुककर
डूबते सूरज को,
पानी के आईने में देखता है

तब मुझे कुछ दिखाई नहीं देता।

सिवा सैकड़ों काट दी गई बकरियों को और अभी तोड़े अंडों को शान्ति से
चबाता हुआ रक्तरंजित एक इस पेड़ के!

[1988]

(अनुवाद : किरन सिंह)

काली भूरी लाल गाय

1. काली

यह काली गाय
चौमासे की घनी काली रात में
अँधेरे घेर में
कब की रँभाती है।

कीचकांद वाली सींव पर
चक्कर लगाते साँड़ को
न जाने क्या हो जाता है।
हवा को जलानेवाली बिजली गिरती है।

2. भूरी

कैसी सुन्दर खड़ी है यह भूरी गाय!

दो टेढ़े सींगों की नोकें आकाश में गड़ गई हैं।
भारी भरकम भूरा मंथर है इसका शरीर।
चारों खुर जमीन में धँसे हैं इसके।

धरती से आकाश और बीच में केवल यह सफेद गाय।

दूसरा सब कुछ हटा लो
और बाद में हम सब भी चले जाएँगे।

कैसी सुन्दर खड़ी है यह भूरी गाय, और धरती और आकाश है।

3. लाल

सूरज का खग्रास ग्रहण हुआ है

लेखपाल अपने दफ्तर जाने को चल पड़ा है

पर अचानक उसकी रूह काँपने लगती है
जैसे वह अन्दर ही अन्दर कुछ डर गया है।
उसकी अनुभवी आँखें
आकाश में सूरज को खोजने को उठती हैं, सूरज नहीं है।

ब्राह्मण मुहल्ले में से कुटुम्ब के पुरोहित पंडित को बुलाकर
लेखपाल एक लाल गाय का दान करता है।

लेखपाल आज दफ्तर देर से पहुँचता है।

[1975]

(अनुवाद : किरन सिंह)

प्यास

प्यास
मुझे प्यास नहीं लगती है
डॉक्टर, डॉक्टर!

कड़ी गरमी का मौसम है
तालाब की मिट्टी दरक गई है
नदी-नालों में रेत की बाढ़ आई है
मेढक जमीन में दब गए हैं
बबूल और बेर के पेड़ काँटों से लद गए हैं।
ऊपर आकाशगंगा की क्या स्थिति होगी?

प्यास
प्यास नहीं लगती है मुझे
डॉक्टर, डॉक्टर!
भर दोपहरी में सूरज चारों ओर भुरभुराकर बिखेर रहा है उजाला।
तब मेरी आँखें मिंच जाती हैं, डॉक्टर!

आदमी की परछाईं नहीं दिखती, पसीना तक नहीं, अरे आकुल होकर कोई
व्यभिचार भी तो नहीं करता।

मानो रेनकोट पहना हो और बरसात सरक जाए
बिना भिगोए, वैसे ही
इस बैसाखी धूप में, ज्यादा-से-ज्यादा
टोपी पहनने का मन होता है।
लू भी नहीं लगती मुझे,
मेढक की तरह दब गया हूँ मैं कहीं।

आसपास हैं खेत बिलकुल खाली
और बीच से निकल जाती है
भकछुक
मेरी ट्रेन।

इस छोटे से स्टेशन पर स्टेशन मास्टर
हरी झंडी लिये खड़ा है प्लेटफार्म पर।
स्टेशन मास्टर! स्टेशन मास्टर! लाल झंडा दिखा
'द ग्रेट ट्रेन रॉबरी' होती ही नहीं
घोड़े तो पानी पीने के लिए पहाड़ियों में चले गए हैं।

अगर जरा सा मुँह डूबा काले पत्थरों में घोड़े का
तो प्रकट होगा तत्क्षण भूरा-बिल्लौरी पानी,
और भचभच पीएँ जल घोड़े
फिर मुँह उठाकर निकल पड़ें, उसी पल

टुकड़े हुए काले पत्थर बिखर जाएँ चारों ओर, टूटे-टूटे।

पानी-पानी, मुझे माफ कर
मुझे प्यास नहीं लगती है, कामिनी!
अप्सरा! मुझे मालूम है कि तुम मुझे शाप देनेवाली हो।

डॉक्टर! मुझे रेत का इंजेक्शन दे!

मेरे भीतर यदि मरुभूमि फैले
तो इस बाहर फैली मरुभूमि में,
मैं हरियाली बनकर उग निकलूँगा, वचन।

ओ आँधी, ओ आँधी, धूल भरभर कर
मेरे भीतर झोंक...
मैं पीला कँटीला पौधा बन फैलूँगा!
ऊँट, बकरियों और बागियों के चबाने के लिए कसैले पत्ते
भरपूर उगेंगे मुझ पर।
फल-वल की बात जाने दे।

गर्मियों में सूरज खुद ही फल।
    लाल-सुर्ख।
लाल-सुर्ख से खाने की मुझ में लालसा नहीं जागती,
न आदम, न हनुमान।
    जंगली, जंगली, जंगली,
तुम्हारी क्या बिसात कि बना पाते तुम मुझे जंगली, डॉक्टर!
    सुधार बहुत हो गया है
सुधरे लोग फिल्टर्ड पानी पीते हैं।

गँदले सोते का खारा कसैला पानी
पी जाएँ
    चश चश चश चश चश,
                    ऐसा,
कोई हारा हुआ योद्धा यहाँ कहाँ ढूँढ़ें, डॉक्टर?
नाखून तक में रोग नहीं रहा है, हमारे
            हम में से किसी को भी नहीं,
खिन्नी के पेड़ जैसे तंदुरुस्त हैं तंदुरुस्त सभी,
                        डॉक्टर!
तुम तो क्या फैला पाते महामारी यहाँ?
यहाँ कहाँ से आई महामारी?
तड़प-तड़पकर पानी-पानी करते लोग
फटाफट मरते; लेकिन यहाँ महामारी कैसी?

मातम के भयावह काल में, भयानक वासना के बस
मरनेवाले आदमी की जवान विधवा, छिनरा करे, ऐसा कहाँ से?
और लोगों के सिर हरे नारियल की तरह तलवार की धार से धड़ से अलग कर दे,
या भीषण प्रहार कर, उन्माद में आकर योद्धा मारे सगे भाई को,
ऐसा पागलपन अब यहाँ कहाँ से लाएँ?

डॉक्टर! गर्मियों में तो अधिक से अधिक
    लोगों को गरमी का जुकाम होता है।
रणजोध, रणजोध, पगलाय गए रणजोध, मुझ पर जानलेवा प्रहार कर
गहरा और जहरीला, कि मुझे प्यास लगे।

लेकिन नहीं
चूने से पोती गई
टेढ़ी-मेढ़ी दीवालों के गाँव में
सूरज रास्ता भूल गया है
    और गली-गली में
मुट्ठी-मुट्ठी फैला पड़ा है उजाला आधा-आधा फुट ऊँचा।

सलामत गलियों में
किसी को भी कुछ भी नहीं होता है, किसी को
    कुछ भी नहीं होता, किसी को भी कुछ नहीं होता।

[1978]

(अनुवाद : महावीरसिंह चौहान)

८

भय और इच्छा का एक-सा चेहरा

घेरा

हमेशा चलनेवाली तेज हवाओं पर चढ़कर
चले आते हैं एक बार सहसा कोहरे के बादल
ढक देते आँख की तमाम पसन्दीदा चीजों को
थम जाती फिर हवा
जस का तस रहता कोहरा
इस तरह

या फिर
ऊब के क्षणों में हो उठते हम एकाएक सचेत, किन्हीं चीजों के प्रति
दरवाजे का बन्दनवार, गोशाला के चारे वाले कमरे के दरवाजे की दरार,
खटिया की कील और बाँह पर का मसा;
होते हैं ये हमेशा ही, चाहे खयाल से बाहर हों, दिखने लगते हैं ये कभी एकाएक,
इसी तरह

किले के बाहर खड़ी फौज, है न?

अनजानी तो क्या?
फिर भी अनजानी।

बन्द हैं पुख्ता दरवाजे
रात किले के दरवाजे पर सैकड़ों मशालें
हर रात सैकड़ों मशालें
रात के बाद रात
और सैकड़ों मशालें।
सूरज निकलने पर
रात भर मशाल थामे-थामे पिराने लगे बाएँ बाजू में होने लगता है दर्द,

ठीक वैसा ही दर्द
भरा दाएँ हाथ का पंजा फेरते हुए
पोरों को छू जाता है मसा और सहसा हो उठते हैं हम सचेत :

घेरा।

घेरे के थिरा जाने के बाद नहीं बचे कोई नियम कोई बाधाएँ
अब, अब तो
तरह-तरह की सड़ांध भी मिलाती है फौज नदी के पानी में
बहाव के उलट जा कर।
फिर भी
कौन सड़ा सकता है लगातार एक छोटी-सी नदी के भी पानी को
मनचले को?
और फिर कौन रख सकता है लगातार साफ भी उसे?
बहती रहती है वह एक छोटी-सी नदी
मैदान के आर-पार
किले के आर-पार
छोटी-सी।

सूरज डूबने के बाद दिखता है कि चाँद तो
कब का निकल आया होगा, सींव के पीछे से,
अँधेरा होने तक तो नजर आता डेढ़ बाँस ऊपर आसमान में।
बैठा हूँ, पच्छम दरवाजे की मुँडेर पर जमी बन्दूक की नली के ऐन पास,
और दक्खन के उजाड़ मैदान में
रोज की तरह, उठती हैं दसेक लपटें
चिता की।
नीचे किले की दीवार की ओट से
और भी अधिक उभर आती हैं नक्काशी लपटें की।
यहाँ से चपटी नजर आती हैं लपटें।

अचरज क्यों होने लगे हमें? अब
नहीं होता अचरज, बचा ही नहीं अब अचरज।
अजानी थीं फौजें कभी, इनके आने से पहले
आए थे पाँच-सात सौदागरनुमा लोग,

कितना कुतूहल था तब गाँव भर में
उनका बोलना, उनकी आँखों का रंग, उनकी पोठों का माल,
उनकी स्वर्णमुद्राओं पर की छाप, कपड़ों की बुनावट उनके पहनावे की।

फिर घेरा डाला, फिर हार गए हम, उत्तरी ओर के तीन मोर्चे,
फिर अनजाना सब कुछ हो गया पहचाना।
केवल फौज ही नहीं
पहले तो अचरज था अजानी फौज का ही,
फिर आपस में भी अपने थे इस कदर अजाने, इसका भी,
अन्त में अचरज हुआ सबको अपना-अपना।

झुका वह, जो झुका है
किस कदर झुका है घेरा किले को तोड़ने के लिए!
बहादुरी से भी झुका और कायरता से भी और छल से भी!
टिका, टिका यानी कितना टिका है किला!
छल से भी टिका, कायरता से भी, बहादुरी से भी और टिका जड़ता से भी।
सगे भाइयों का भी चल जाता है काम एक-दूसरे के बिना,
टिक नहीं सकते मगर यह घेरा और किला
एक-दूसरे के बगैर।
टिके-जूझे, जूझे-टिके, टिके-जूझे यानी किस कदर जूझे हैं!

उठती हैं दसेक लपटें उजाड़ दक्षिणी तट से
नये बनाये श्मशान के टपरे के नीचे, तालाब के किनारे, मा'देव के सामने।
लकड़ी के गंज और चन्दन के बोरे जहाँ सुलभ हैं।
कायदे की वह श्मशान भूमि तो छूट गई है किले के बाहर ही।
उठती हैं दसेक लपटें
और जलती हैं हजारों मशालें;
उजाला भी जैसे कम पड़ता है और अँधेरा भी कहें कि कम ही पड़ता है
और तोप की नली के पास खड़े-खड़े रात जैसे बीतती नहीं :
इससे तो जौहर करना ही अच्छा है।

गाँव और फौज के बीच खाइयाँ हैं
खाइयों में किस कदर महकती है कुमुदिनी!
स्थिर पड़ा है पानी महीनों से डाला है घेरा।

गाँव में बढ़े हुए हैं पेट कई औरतों के।
इस फैले हुए गाँव के मोहल्लों में
मानो दो चीजें ही हमें एकजुट हुआ और एक समान रखती है :
घेरा और गर्म।

खाइयों के पानी की अपनी एक अलग गंध है।

तोप की ऊँची तंग नली पर हाथ फेरते हुए सोच में पड़ जाता है मन
घेरा डाल कर पड़ी हुई फौजों के चेहरे-मोहरे तो अब जाने-पहचाने से बनते चले हैं।
इन में से कितनों को तो मैं ही पहचान ले सकता हूँ।
दरवाजे खुलेंगे या टूटेंगे और गुत्थमगुत्था मिलेंगे हम तो मैं जरूर पहचान लूँगा
इनमें से पचीस-पचास को तो।

डूबते सूरज की रोशनी में सुर्ख हो उठते, शुरू दोपहर की झिलमिलाहट में उघड़ जाते, मशालों की लपटों से तितर-बितर, शुक्लपक्ष की पिछली तिथियों के आकाश तले सुहाने लगनेवाले
आदमी के चेहरे को
बार-बार देखने की तो बात ही और है!
पचीस-पचास को तो आँखों के इशारे से ही पहचान लूँगा!

और इस कठिन समय में तो पड़ जाते हैं सोच में कई मर्द
घर की औरत के फूले हुए पेट को देखकर।
फिर हँस पड़ते हैं।

घेरे के दबाव के चलते या सहज ही
धीरे-धीरे हमें कम अच्छे लगने लगते हैं एक-दूसरे के चेहरे,
किले के भीतर।

एकाएक बरस पड़ते हैं जलते हुए गट्ठर
सुलग उठता कभी चारे का गंज, फिर पकड़ लेती है आग पास का दरवाजा,
देखते ही देखते पहुँच जाती है छत तक, दीवारों और बल्लियों पर
उछलकूद करती हैं छोटी-छोटी लपटें, बन्दर की मानिन्द,
और भड़ भड़ भड़ भड़ भड़ भड़ भड़ भड़!

कौन है भड़, मर्द? कौन कायर?
सभी आदमी।

आमने भी आदमी और सामने भी आदमी
मरते भी आदमी और जनमते भी आदमी
गर्भ धरे आदमी और बाँझ भी आदमी
साईं भी आदमी और पापी भी आदमी
सयाने भी आदमी और मूढ़ भी आदमी
पहचाने अनपहचाने से कितने सारे आदमी
ये तो आदमी के सामने अदाएँ दिखाते आदमी
आमने भी आदमी और सामने भी आदमी
किले बाहर पेट भीतर अजाने सभी आदमी

—इसी तरह करने लगता हूँ प्रलाप इन दिनों
तुम नहीं हो, दोस्त, फिर भी लग जाता हूँ बातों में तुम्हारे साथ।

इससे तो जौहर करना ही बेहतर है।

भलेमानुस, एक आदमी अगर कुछ करे भी
तो क्या उसे जौहर कहा जा सकता है?
भलेमानुस तुम्हें सोच किस बात का है?
आखिर तुम्हें दुःख क्या है?
अभी खत्म नहीं हुआ है किले में अनाज,
नदी का पानी साफ भले ही न हो, मैला भी नहीं है,
और तुम भी अगर सुखी नहीं
तो दुखी भी नहीं हो,
और स्नेह-सोहबत में नहीं हो, तो अकेले भी नहीं हो,
आदमी जैसा आदमी है और आदमियों के बीच जी रहा है, तो तुम्हारी वह
समस्या क्या है?
या किले की खाई में खिलतीं सैकड़ों कुमुदिनियाँ
कई रातों को भर देती हैं खचाखच और फिर मुरझा जाती हैं वहीं की वहीं,
स्थिर पानी में,
सो हो तुम अस्थिर?

रात के वक्त फाटक में लगी खिड़की को झटका दे कर
रस्से को चक्करदार घुमाते हुए
लकड़ी के पुलों को सपाटे से नीचे उतार कर, सरपट घोड़ा दौड़ाते
दस-दस पटियों को फलाँग कर आगे बढ़ते-बढ़ते
झुककर, ललकते हुए हाथ बढ़ा कर एकाध कुमुदिनी को
स्थगित पानी पर से तोड़कर पगड़ी में खोंसते हुए,
बार-बार देखी हुई उस छावनी के पहचाने रास्तों पर
पहचाने सिरों को हाथ बढ़ा कर पहली बार तोड़ते हुए
निपट अकेले ही अन्तिम रूप से लड़ लेने के ये तेरे अरमान हैं न?

पानी की अपनी गंध को कुमुदिनी की गंध से अलगाना
तुम्हारे लिए इस कदर जरूरी क्यों है, भले आदमी?

और फिर पानी उतना स्थिर भी तो नहीं है
जितनी वह पहाड़ियों की कतार।

तोतों के हरे मखमली झुंड झुक आते हैं कभी, कुछ दूरी पर
कूद पड़ती है बगुलों की पाँत, और तुम भी तो कभी-कभी
उठाकर फेंक देते हो कोई पत्थर, क्या नहीं?

अरे! मैं तो अपने साथ ही बतियाने लग गया!
दोस्त, तुम नहीं हो पास, फिर भी ठीक उसी तरह
तुम से बतियाता हूँ।
फिर जाग उठता है सन्देह :
ऐसे मैं जिस अपने साथ बतियाने लगता हूँ, वह
मैं खुद हूँ भी या नहीं।

घेरा है घेरा कितने सारे लोग खड़े हैं चारों ओर,
चारों ओर है पहरा, नहीं हटाता कोई निगाह किसी दूसरे पर से,
मैंने भी की उस में बढ़ोतरी अपने ही साथ बतियाते हुए!
अब कौन रखेगा पहरा उस पर?

कितना-कितना अकेलापन है सब कहीं? या कोई वजह है उस की
—जो आज हुई बढ़ोतरी एक आदमी की?

पहाड़ियों की खिंचती काली लकीर पर
स्थिर है नीला आसमान।
जगमगाते नक्षत्र चलते हैं आसमान में,
लेकिन उन के चलने का कोई ताल्लुक नहीं है
कोट की दीवार पर मेरे बार-बार घूमने के साथ, बाएँ से
दाएँ जाता हूँ, या दाएँ से बाएँ। नक्षत्र चलते ही रहते हैं अपनी चाल।

यानी आकाशगंगा के कल-कल बहते पानी के साथ
नहीं है कोई वास्ता मेरी प्यास का?

मेरा वास्ता तो है इस घेरे के साथ, इतना भर जानता हूँ।
मेरी भूख और मेरी प्यास का वास्ता
मेरी हलचल का वास्ता
सुबह से अगली सुबह तक की मेरी थकान का वास्ता है
घेरे के साथ।

पहली रात तो
कभी न कभी होता ही है गहरी तन्द्रा का हमला भीतर से,
तब जगने को जूझता हुआ पाता हूँ खुद को ही इस कदर अलग, अपने से
कि भ्रम होता है, जैसे मैं घेरा डालनेवाली फौज का ही एक हिस्सा हूँ।
मुझे सचमुच होता है भ्रम कि मेरा अपने साथ ही
नहीं है कोई वास्ता।
या फिर
कोटि-कोटि इन अद्‌भुत तारों ने चहुँओर से डाला है भयानक अटूट घेरा,
मैं किला हूँ, भंगुर लेकिन अडिग।
भ्रम से सत्य के बीच का फासला हो गया है एक कदम से भी कम।

मेरे लिए भी कदम रखने के लिए जगह नहीं है कोट की दीवार पर।
पत्थर की मूरत-सा खड़ा हूँ पत्थर के किले पर, कि दो तारे
उतर कर आँख में उकड़ूँ बैठ जाते हैं।
फिर कुछ देर बाद टूटती है आखिर की रात।
कि हाथी के पैरों तले किसी बेईमान का दोहरा धड़ दबे-टूटे
और भीतर से लाल और रंग-बिरंगे अंग झाँकें बाहर को,

उसी तरह बाहर आती है सुबह।
मुझे फिर लगता है, तब,
कि मर कर मैं होऊँगा एक तारा।

ब्रह्मांड में अनन्तकोटि तारे झिलमिल-झिलमिल हर पल
चमकते अन्तहीन ब्रह्मांड में तारे।
सूरज उगता है और किले के उस ओर है घेरा : इस ओर...
इस ओर?

किले में भीड़ जमा हो जाती है उस वक्त,
कितनी जकड़न है, घेरे पर घेरे, पहाड़ियाँ,
पहाड़ियों के घेरे में फौज, फौज के घेरे में किला,
किले के घेरे में आदमी, हर आदमी के घेरे में
भीतरी मैदान, भीतरी मैदान में भीड़।

भीतरी मैदान में भीड़, मगर भीड़ के ऐन बीचोबीच किला।
किले के बाहरी तरफ है आधी भीड़ और आधी किले के भीतर।
टिक पाओगे? चुनौती की आवाज में पूछती है बाहरवाली भीड़,
भीतरवाली सुनती है चुपचाप।
मगर पहाड़ी के पीछे—मगर पहाड़ी के पीछे?

शायद है, किले के खजानेवाले कमरे के नीचे, कहते हैं, कि
है एक सुरंग।
सुरंग निकलती है पूरबवाली पहाड़ी के पार।
—या अफवाह?

या फिर क्या तोड़ पाएँगे किले को, कीलों लगे भीमकाय दरवाजों से
ऊँटों को भिड़ाकर, हाथियों को टकराकर,
या रात के वक्त, तोप के धुआँधार गोले बरसाकर,
मरम्मत का कोई मौका न देते हुए?

या फिर चुक जाएगा भीतर ही कुछ अनिवार्य? या फिर हटेगा
घेरा, चारों ओर से हरा-भरा?

'हरा-भरा'! क्या बोल फूटा है भीतर से, जैसे
तोड़कर घेरे को टेक के!

भय और इच्छा का एक-सा चेहरा।

लगा है कभी-कभी मुझे, लगा है कभी
कि अचानक चारों ओर से घेरा उठाकर कभी हट जाए
यह जकड़ती फौज किसी एक रात को,
तो दूसरे सवेरे
यह अडिग किला
फट पड़ेगा भीतर से ही बाहर को, जैसे
बुलबुला फूटता है फटाक से
अगर चारों ओर से भींचता पानी सहसा उतर जाए
अचानक, रक्षक।

भ्रम या सच?

पानी!

अँधेरे में सुनाई देती है मुझे आवाज बहते पानी की।
सरल छोटी-सी शान्त नदी,
बहती है किले के आर-पार, मैदान के आर-पार
उस पहाड़ी के (उस पार से नहीं) भीतर से प्रस्फुटित,
शान्त, छोटी-सी, सरल बहती है,
आर-पार!

सूरज निकला है
कुछ थोड़े-से गड्ढे दीवार में, थोड़ी-सी मरम्मत, है किला है।
कुछेक डाँडियाँ, कुछेक नई टुकड़ियाँ, है घेरा है।
एक और रात बीतने की थकान है,

एक और रात बीतने का आनन्द भी।
और चड़क भी।

पानी में डुबकी लगाने उतर आता हूँ नीचे कोट की दीवार से,
डुबकी लगाता हूँ, गोते लगाता हूँ नदी में,
हाथ, पैर, छाती, पीठ, सिर, कन्धे, बाजू।
कन्धे पर का यूँ ही सा छोटा मसा, समूचा मैं,
पूरा का पूरा मैं। फिर भी नहीं सोचता कुछ खास अपने बारे में।
महसूस करता हूँ, शान्त हूँ, तमाम अंगों पर से
बह जाती है नदी,
न साफ न गँदली,
शान्त, छोटी-सी, सादी
    मेरे आर-पार... शान्त।

[1978]

(अनुवाद : ज्योत्स्ना मिलन)

महाभोज

यह वन है अपरम्पार और बारिश लगातार...

और मैं?

देखता हूँ : अविरत वर्षा में सराबोर वृक्षों के बीच
उल्लास से भरा इधर-उधर विचरता वह गजराज,
मेघ गर्जना के साथ कड़ा संवाद साधता,
बार-बार चिंघाड़ता है।
उत्तेजित हो उठीं हथिनियाँ अपनी सुडौल काया की कमनीय गोलाइयों में
झुकती हैं,
और कुछेक हौले-हौले जलतीं, पीछे मुड़कर देखती हैं।
वन ही वन में
कुछ दूर चली जाती हैं,

उनके चारों ओर हरे हरियाले तोता-मैना, जामुनी शकरखोरे और
नीली शाह बुलबुल, वह लाल सिरवाला कठफोड़वा, भूरे चील बाज,
और उस ओर निहुरी हुई मोरनी को निरखने हेतु अपने शतनयन खोलता नीला मोर,

इन सभी के गहरे जिन्दा रंग वन में जगमगाते हैं।

ऊपर सँवलाए आकाश में दीर्घ पंक्ति में उड़ते हुए निरे दूध जैसे
सफेद शफ्फाक जल पंखियों की रेखा खिंचती जाती है
और उसके नीचे वे रंग-बिरंगी वनपाँखी
जैसे चित्रलिपि में लिखी किसी आदिम कामसूत्र की अधखुली
पांडुलिपि-सी मुझे दिखाई पड़ती हैं।

उन सभी लिपि मरोड़ों को बूझूँ न बूझूँ,
कि निरि रेखाएँ बन नजर को बिखेरतीं अनेक रंगों की
छोटी-बड़ी तितलियाँ चारों ओर उड़ती हैं,

और वे अर्ध-पारदर्शक ड्रैगनफ्लाय, उड़ते-उड़ते अचानक अटकते
अनपेक्षित दिशा में फैलते फिर तीर सा उड़ते,
नैन नचाते रेखाएँ चित्राकाश में चित्रित करते हैं!

न जाने कितनी ही देह भंगिमाओं से, रंग-राग से, वाग्विलासों से, वेग-आवेगों से ये
सभी वन-वात को प्रवहमान रखते हैं।

नीचे, ये भुक्खड़ केंचुए भीगी मुलायम और गुड़-घुली-सी मिट्टी
खाने पर उतारू हैं, और वो भँवरे रंग-बिरंगे फूलों के मानो चटपटे रस को
पीने पर उतारू हैं; और तनिक ऊपर चौड़े पत्तों पर बख्तरबन्द ढालवाले
जन्तुओं के साथ सुकुमार इल्लियाँ विश्व यात्रा पर निकल पड़ी हैं
या विश्व को निगलने निकल पड़ी हैं
यह समझ नहीं आता;
और उस तरफ चींटियों की दीर्घपंक्ति
भोजन का भरपूर संग्रह लेकर अभी-अभी पृथ्वी-लोक के सिरे पर स्थित
पाताल में राज करती अपनी सदा गर्भिणी रानी की सेवा में पहुँचेंगी।
यह विराट वन वाकई एक निरन्तर महाभोज है।
स्वयं ही खाता है, स्वयं ही खाद्य है, बलात् न तृप्त होता है, न खाने से खत्म ही होता है।

वहाँ उस तरफ पानी में से उठाई गई बगुले की चोंच में तड़पती मछलियाँ
कुछ ही पलों में बगुलों के पंखों की सफेदी में बदल जाएँगी।

और दूर तक खिसकता यह सरोवर तो छलक उठेगा
नए-नए पानी से, नई मछलियों से, नई काई, नए कमल,
नए भँवरों से, बहावों से, डुबुक-डुबुक की ध्वनियों से।

तभी अचानक यह बिजली गिरती है, जगमगाता प्रकाश हर जिन्स को
क्षणार्ध में दृश्य-अदृश्य कर देता है,

कड़ाके की सत्ताखोर आवाज के प्रभुत्व के भार तले
दूसरी सभी आवाजें दब जाती हैं,
सामने का यह विशाल वृक्ष खड़ा का खड़ा चिर जाता है,
हवा के जलने की डरावनी
और उत्तेजक गंध गरज उठती है।

दौड़कर एक युवा हथिनी गजराज की बगल में समा जाती है
और विशाल ऊँचा हाथी
तड़ित-तेज वीर्यदान की अविरत बौछार करने उस पर चढ़ जाता है।

हलाहल जयी कामेश्वर वनखंडी महादेव के कंठ की शोभा धारण करता मोर,
वनान्तर को अपनी विशाल कलाओं से छा लेता है,
लम्म...बी, गुंजायमान, लयभरी, कुछ कर्कश फिर भी कमनीय केका कर
उठता है।
थोड़ी देर बाद मोर अपनी कलाएँ समेट लेता है, गज युगल विलग हो जाता है,
वन शान्त हो जाता है।

अब केवल अविरत बरसती रहती शान्त धारासार बारिश है,
व्यंजन रहित प्रलम्ब स्वरों जैसी, अविरत।

बिना कान दिए, बिना ध्यान दिए, 'मैं सुनता हूँ' अथवा 'वह सुनाई पड़ता है,'
बिना ऐसी किसी प्रतीति, मैं अब एक सुरावलि को लगातार सुनता रहता हूँ।

इस स्वर लीला में धीरे-धीरे मैं अपनी मानवभाषा भूलता जा रहा हूँ।
और जा पहुँचता हूँ कहीं,
वन के सीमांत में बसते, अपने-अपने शब्दकोशों की कुल्हाड़ियाँ उठाते
परिश्रमी पर स्वार्थी लकड़हारों की झोंपड़ियों की बनी वैयाकरणी बस्तियों से
बहुत दूर,
और प्रवीण पिंगलियों के जगण-भगण की भारी-भरकम इमारती लकड़ियों से
लदी गाड़ियों के नीचे दबी हुई पगडंडियों की पहुँच से कहीं
दूर।
वन की मदमाती गहराइयों में जा पहुँचता हूँ और सघन पेड़-पत्तों के बीच
धीरे-धीरे मिटती जा रही
इन क्षीण काव्य पगडंडियों पर

टहलता, भटकता, अटकता, उलझता, भिन्न दिशा में, गिरता-पड़ता,
खड़ा हो आगे बढ़ता हूँ
कहीं,
इस भव्य सुन्दर वनराजी में एकदम गुम हो जाता हूँ।
चुपचाप भटकता रहता हूँ यहाँ-वहाँ सोल्लास
किसी जानवर की तरह।
अब निःशब्द बरसते अनवरत पानी में धीरे-धीरे यह जगत
स्पष्ट होने लगता है।
यह निरन्तर जलप्रपात सीधा मुझ पर पड़ते ही भुने हुए मांस का,
तली मछलियों का, पक्व अन्न का, और समझ में आए हुए साहित्य का
बासी स्वाद मेरी जीभ पर से, जैसे परतें उतरती हों इस तरह, उतरने लगता है।

फिर ये वनवासी पशु, पक्षी, जलचरों की पीठ पर
मेरे अंकित किए हुए हरे-पीले विशेष नाम धीरे-धीरे मिटते जाते हैं,

मैं नवल रीति से पूरी तरह सचेत हो जाता हूँ

अविरत बरसती बारिश के शुद्ध स्वरों में
अपनी गाँठ से व्यंजन जोड़कर, कोई भावुक भक्ति भरा विशेष नाम बना देने
की गलती नहीं करता।
वन में और वर्षा में स्वेच्छाचारी विचरते झुंडों के समूह रूपों को,
कोई अमूर्त-आधुनिक जाति-नाम दे देने की गलती भी नहीं करता
अथवा तो अस्तित्व और अनस्तित्व के काममोहित मिथुन को अलगाने की
नैयायिक भूल।
ऐसी एक भी गलती न करने की मेरी सूझ देखकर
अरण्यवासिनी सरस्वती विहँसती है।

तभी
रिक्ततम चिदाकाश में एक इन्द्रधनुष उगता है,
शान्त वन के भरे-भरे आकाश में उगे उस इन्द्रधनुष से
एकदम लगकर।
उनके लबालब रंगों में अपनी कलम डुबोता हूँ
और वह भीगी ताजी कलम अभी तो हवा में ऊपर उठी ही थी कि,
यह जो कुछ है, वन में और मन में, इस महाभोज में,

उसके भोजनोपरान्त मुझे हुए थोड़े-बहुत बोध से और फिर भी अक्षुण्ण
अबोध से मैं चकित हो उठता हूँ;
इस आश्चर्य से रोमांचित हो उठे
मेरे सहज ही कम्पित हो जाते हाथ से,
कामचलाऊ कलम से, फिर भी मरोड़दार अक्षरों में,

यह कविता अपनी जिन्दगी के बहत्तरवें वर्ष में आज मैंने
नित नूतन और गहन क्षुधा के साथ लिखी है,
यह कौन मानेगा?

[समा, मार्च 12, 2013]

(अनुवाद : रंजना अरगड़े)

लगभग सटकर

(कमल और अतुल के लिए)

भिनसारे ही खुली आँख आज
और सारा का सारा ब्रह्मांड मुझ से एकदम सटा हुआ-सा

*

आकाशगंगा की उजास भरी कल-कल छल-छल ध्वनि
नीचे वॉचमैन के खोले हुए नल की खरखराहट-सी साफ सुनाई देने लगी मुझे।
जरा हाथ बढ़ाऊँ तो मेरे मकान वाली गली के सिरे पर मुड़नेवाले रास्ते पर
बाईं ओर आई
जलाराम की देहरी की छोटी-सी घंटी बजा सकता हूँ।
पर बिछौने भर, मुझसे सटा हुआ प्रलम्बित-सा, थोड़ा ठहर गया हुआ,
कोई सपना देखकर प्यारा-सा मुस्कुराता यह सचराचर कहीं जाग न जाए,
यह सोच
मैं तनिक हँस कर अपना हाथ खींच लेता हूँ।
कुछ देर बाद उसकी भी आँखें अपने आप खुलती हैं। आहिस्ता-से, मेरे
बगल में सोए इस बाल ब्रह्मांड की।

*

मैं आहिस्ता से उसे छूता हूँ
वह भी चहुँ ओर कितना रोमांचित हो उठता है। पूरे कमरे में, सारे घर में, पूरे
समा गाँव में
कहीं दूर तक, जितना मुझे दिखाई पड़े, वहाँ
पलक झपकाते हैं नीले, पीले, लाल तारे सारे, आकाश भर
और सामनेवाले बँगले की भरी लॉन, भीगी, महक उठती है
बिना किसी प्रि-सेट कमांड के, स्वयमेव,
अब चक्राकार घूमने लगे हैं लॉन के स्प्रिंक्लर्स, शीतल पानी के फव्वारे छोड़ते

पूरे कम्पाउंड को तरो-ताजा करते हुए,
पूरी सोसायटी को, समा गाँव को, पूरे गुजरात को भिगोती पानी की बौछार,
सभी बॉर्डरों के बाहर...
मैं तारों की महक गहरी साँसों में सूँघता हूँ
मैं समझ पाता हूँ कि जिस तरह मुझसे सटकर आ गया है यह ब्रह्मांड
उसी तरह
एक-दूसरे से सटकर छिप गया है यह सचराचर, अभी, भिनसारे जब आँखें
खुलीं मेरी
तब।

*

कौन जाने कहाँ से आज भिनसारे इतना सारा
पानी ले आए ये स्प्रिन्क्लर्स?
मेरे घर से पूरब दिशा में आज अचानक दोनों किनारों पर बहती हुई विश्वामित्री
का?
या किसी चमत्कारी आजवा का?

या फिर, मुझे तो लगता है कि जरूर
यम का भैंसा नदी में डूब कर कामातुर हो उठा है,
ऐसी किसी मध्याकाश की महिष्मती का है यह पानी इन स्प्रिन्क्लर्स का।
मुझे सुनाई देने लगते हैं महिसागर के किनारे बजते धाराला-पाटणवाडियों के
ढमाढम ढोल
यह वड़ोदरा-आणंद के बीच बहती और उससे कुछ दूर मध्याकाश में आर-
पार बहती
इस मही किनारे ढमाढम ढोल के ताल पर नाचता है
यह सुरासुर यक्ष किन्नर नर नारी त्रिलोक लोक।
उसी के ताल पर झूमते स्प्रिन्क्लर्स, महुआ पी कर,
चारों ओर फैलते जाते बिस्तार में गोल-गोल घूमते हैं, मदमाते।

*

किशोर उम्र में,
पहली बार,
सरक गए थे वस्त्र दो कायाओं पर से,
और सट गए थे दोनों निरे अचम्भे में,

थरथर-थरथर।
आज फिर प्रकट हुए हैं आसपास और भीतर, सट जाने का वह पहला प्रमत्त उत्सव।

*

सन्निकटता का वह सोमरस,
उसे किस तरह पिऊँ प्रशान्ति के मधुपेय को अमृत बनाकर?
कि एकदम सटकर आया यह सचराचर कहीं फिर सरक न जाए अगोचरता में?

*

कब पिया था मैंने ऐसा पेय मधुर प्रशान्त?
मुझे याद नहीं आता, आज इस भिनसारे में भी
मुझे तो याद नहीं आता, आए तो आए याद शायद मेरे इस मुख को, मेरे दो होंठों को
उन्होंने ही तो पिया होगा किसी अन्य भिनसारे कुछ।

तो लाओ जरा देखूँ, मुख को मुक्त करूँ वाणी से।
हौले से पोंछ दूँ, लाओ। ये सारे पाठ, परिच्छेद, वाक्य, समास, शब्द,
पोंछ दूँ इन सभी कविताओं को अपने होंठों पर से, कि चुपचाप तसल्ली से पी सके ऐसा कुछ।
खोलूँ दो सुथरे होंठ किसी नवजात के।
आना हो तो आए उन्हें याद, न कि मुझे, वह कोई एक स्पर्श, कोई एक स्वाद,
एक धौली-सी स्मृति, पूरी पी न जा सके ऐसी, भरपूर आदिम स्मृति...

कुछ याद-वाद आए उसके पहले तो गटगटा लूँ
गटगटा जाता हूँ। छोटा-सा मुखविवर भर जाता है भरपूर,
श्वेत-श्वेत पेय से मधुर प्रशान्त,
मेरे होंठों पर से छलक कर आसपास बिखरता है वह दूध,
प्रवाहित होता है पूरी सृष्टि पर।
नव नूतन खुली मेरी हथेलियों से उसे थाम कर, दोनों होंठ खोल कर अपने भीतर ले लेता हूँ उसे,
पीता हूँ उसका यह आदिम पेय।
माँ के बाएँ स्तन से चिपक कर पीता हूँ,
पीता हूँ अब दाहिने स्तन से, मन भर

नरम-मुलायम हथेलियों से मुझे सहारा देती है माँ,
और भींच लेती है मुझे अपनी छातियों से,
मैं कुछ बुदबुदाता हूँ, वह एकाग्र ध्यान से सुनती है,
फिर मेरे मुँह पर से आहिस्ता से पोंछ देती है दुधियाये शब्द।

हम एक-दूसरे को देखकर हल्का-सा, गुपचुप हँसते हैं।
महास्नेहमयी वह, महामाया, एकदम निकट,
अबोध मैं...

*

अगर हाथ बढ़ाऊँ तो मानसरोवर के जल में अभी डुबो सकता हूँ,
अगर लिखनी हो तो अभी तिब्बती भाषा में लिख दूँ यह कविता,
आज मैं अखिल से एकदम सटा हुआ हूँ,
आज अखिल एकदम सटा है अखिल से।
खिल-खिल हँसता शिशु दूध छलकाता मुख से, खिल-खिल हँसता यह अखिल।
एकदम सटकर...

*

किन्तु एकाकार?
कैसे भला एकदम सटकर से होऊँ एकाकार? अबोध से बोधिसत्त्व? प्रमत्त से प्रशान्त?

*

अथवा
हुआ जा सके आज भिनसारे केवल प्रसन्न,
प्रसन्न हुआ जा सके थोड़ा विलग हो सब से, स्व से, प्रारम्भ से भी?
आकाश के तल में से, रात से विलग हो,
जो सूरज अब आ रहा है बाहर,
समा गाँव की सीवान पर,
उसकी अनोखी सुनहरी रेखा पूरब में मुझे अब थोड़ी-थोड़ी दिखाई दे रही है।

सबसे अलग होकर अब मैं देखता हूँ अपने को तनिक सा,
अपनी इस निरी नग्नता को देखकर शरमाता हूँ और पवन का पीताम्बर ओढ़ लेता हूँ,

और जनेऊ की तरह पहन लेता हूँ आकाशगंगा।
चेतना पर, चित्त पर,
देह पर ओढ़ लेता हूँ उत्तम वस्त्र,
मलमल के, रेशम के, हाथ करघे पर बुनी खादी के, विदेशी, देशी, तरह-तरह के, भोटिये
और भू-मध्य सागर के।
नए ओढ़े हुए डिजाइन कुर्ते की जेब से चमचमाती चाभी निकाल, अपने घर का मुख्य दरवाजा
खोल दाखिल होता हूँ बाहर से अपने घर में...

*

जीना चढ़कर देखता हूँ
दुमंजिले पैंटहाउस की ऊपरी मंजिल पर अपने शयन खंड में,
वहाँ तो अभी सो रहा है समग्र सचराचर, तनिक जग कर फिर से पौढ़ा हुआ,
नए सपने में हल्का सा मुस्कुराता, खिल-खिल,
अखिल, इस कविता में, खिल-खिल,
भले पौढ़े अभी और, और कुछ देर अभी, फिर
फिर तो पूरा दिन...

*

[अक्तूबर 16, 2014—अप्रैल 19, 2017
समा, वड़ोदरा]

(अनुवाद : रंजना अरगड़े)

७

आ, कुछ देर जरा-सा उजाला करके,
देखें, अपनी आँखों से,
इस पल को, इस स्थल को,
खुली नजर से, इस अँधेरी रात में,
विपाशा...

घर

लाल खपरैले,
लकड़ी के चौड़े किवाड़,
आँगन में सीताफल का एक पेड़;
यह मेरा घर है।

कौन जाने कहाँ है?

जहाँ भी हो वहाँ।
वह मेरा किला नहीं है।
उसके चारों ओर मगरों से भरा पानी नहीं है।
उसके सामने घिर्री पर रखा कोई पुल नहीं है।

मेरे अन्दर की घिर्रियों को घुमाकर,
तोप की नली जैसा पुल
मेरे दोनों पाँवों के बीच से जिसने उठाया है,
वह मेरे अन्दर बैठा कोई मुसलमान है, और मैं हूँ उसका पुराना किला।

यूँ जो मेरा घर है उसके सामने पानी के छिड़काव वाला लाल रास्ता है।
उस रास्ते से सटे हुए और भी कितने सारे रास्ते आते रहते हैं।
हर रास्ते पर बहुत से लोगों के बहुत से घर हैं।
इनमें से बहुतों के साथ हमारा दुआ-सलाम का सम्बन्ध है।
पुल को नीचे झुकाएँ
तो अन्दर धँस ही आएँगे राजपूत, मराठे, फिरंगी।
पुल को नीचे न झुकाएँ
तो कुछ हफ्तों में खाली हो जाएँगे अनाज के गोदाम
और टूट सकती है सिपाहियों की ताकत।

मेरा एक घर है
और घर में है मिट्टी का एक चूल्हा।
सुर्ख गालों वाली ने बनाया लगता है तेजपात और लौंग डाल कर आज पकवान।
मैं चौक बाजार के हलवाई की दुकान से बँधवाकर उसकी पसन्द की मिठाई
ले आया हूँ।

गली के मोड़ पर आते ही बदल जाती है सुगंध मेरे साँसों की!

जासूस कहते हैं जुम्मेरात को हमला होनेवाला है।
डाकिया डाल जाता है दो-चार चिट्ठियाँ दालान में।
मैं ऊँचे स्वर में पढ़कर सुनाता हूँ।
अगले ही दिन स्वजनों के आने के समाचार सुन उसके चेहरे पर मुस्कुराहट
फैल जाती है।

सीताफल के पेड़ की हर डाल पर बड़े-बड़े फल लगे हैं।
फल पक गए हों तो कितना अच्छा, नन्हे-मुन्ने बच्चों को रुचेंगे,
मैं सोचता हूँ,

और आँगन में आ कर हल्के हाथों फलों को दबाता हूँ।
मेरी हथेली में हथगोला फूटता है।

बारूद की लपट में झुलसी आँखें फाड़कर देखता हूँ :

किले के सामने ही लाल खपरैलों का एक घर है,

और हाँ
लकड़ी के चौड़े किवाड़ भी हैं।

[1998]

(अनुवाद : महावीरसिंह चौहान)

परदादी और मैं

आज सवेरे सपने में मेरे घर मेरे परदादा आए,
पगड़ी, खेस, जनेऊ, पीताम्बर, खड़ाऊँ।

साथ में परदादी थी, साड़ी मेरी माँ जैसी!

फोटो-वोटो तो उनका देखा नहीं था,
(उनके जमाने में कैमरा कहाँ था?)
लेकिन सपना मेरा था,
सो मैं उन्हें पहचान गया।

दादी तो बोली भी :
यह वही घर है।
पर दादा ने कहा :
क्या भरोसा?

मैंने कहा न
तुम भीतर चलो :
दादी उसी स्वर में बोली।
दादा अन्दर आए, लेकिन
मुझे सामने देख टिकटिकी लगाए रहे।

अबे तू कौन?
मैंने नाम बतलाया, पूरा।

कुलनाम तो वही है, दादा रुक गए।
मेरी कैप, विंडचीटर, फोन और स्पोर्ट शूज पर

ऊपर से नीचे नजर घुमा कर,
शर्ट के भीतर पंजा घुसा कर,
टटोली मेरी बिना जनेऊ की छाती।
उन्होंने कहा (मुझे नहीं दादी को) :
यह वह नहीं।
दादी चुपचाप मेरे घर में घूम आई।
कहने लगी (मुझे नहीं, दादा को) :
यह वही है
तुम्हारे पोते का पोता।
'क्या भरोसा' जैसा मुँह बनाकर देखते रहे वे मुझे।
दादी सहज हँस कर बोली,
मुझे इसके घर में घर जैसा लगता है।
तो दादा मुझसे पूछने लगे :
मुझे पहचाना, बच्चे?
मैं वैसे तो कब का उन्हें जान गया था।
पर मानो निश्चित करने के लिए
दादी से पूछा मैंने;
दादा ही हैं न, दादी?
दादी हँस पड़ी बिलकुल मेरी माँ जैसी
सुबह जब जागा
मेरे घर में मुझे लगा ज्यादा घर जैसा।

[2010]

(अनुवाद : गगन गिल)

पत्नी को

1

सूई-डोरा ले, जरा,
मेरी कमीज थोड़ी फटी है।

खिड़की के पास बेंत की कुर्सी पर बैठ,
इस तरह कि अरीठे से धुले तेरे बालों में सुबह की धूप लगती रहे।
इस तरफ बैठ कि मेरी बन्द आँखों से तुझे देखता रहूँ।

भूरे रंग की रील ले
दोनों होंठों के बीच से डोरा निकाल,
डोरे का रंग बदल डाल।

कमीज को अपने घुटनों पर रख,
सभी सलवट दूर कर, ठीक से देख।

अब बेंत की छोटीवाली-पिटारी खोल,
बटन का चुनाव कर ले,
पिटारी बन्द करने के बाद थोड़ा मेरी ओर देख।

डोरा, घुटना, कमीज, कुर्सी, बटन, खिड़की धूप और मैं,
सब ठीक-ठाक मैच होते दिखाई दें, तुझे,
फिलहाल मेरे लिए इससे अधिक महत्त्व का कुछ भी नहीं है।
सूई में वह धागा डाल।
और मेरी कमीज के टाँके ले।

2

मेरा चश्मा खो गया है।
तू जरा ढूँढ़ दे।

मुझे पूछ-पूछ क्या करती है?
मुझे कुछ भी याद नहीं।

बस यह कि आखिर में उस समय मैं कुछ पढ़ नहीं रहा था।
तुझे ही देख रहा था।
तू सीढ़ियाँ चढ़ रही थी।
और फिर मोड़ के पीछे चली गई थी।
बिना चश्मे, ठीक से नहीं दिखाई देता कुछ, मुझे
तुझे हजार काम हैं, अच्छी तरह जानता हूँ।
लेकिन तू ही बता
चश्मे के बिना चश्मा कैसे खोजूँ?

बातें मत कर,
अपने हजार काम छोड़कर भी आ जा!
वहीं कहीं होगा
सीढ़ियों के पास।
उस मोड़ के कुछ आगे।
देर मत कर, इधर आ भी तो,
और देख, अगर वहाँ चश्मा मिल जाए
तो लिए आना।

पूछ मत, खोजकर ले आ, पहना दे मुझे;
उसके बाद अपने हजार काम कर।
लेकिन जो कुछ कर
इस कमरे में ही कर,
इस तरह कि मुझे, बिना खोले आँख, तू दिखाई देती रहे!

3

रसोईघर में चूल्हा जला
आटा गूँध ले, अँजुरी में पानी लेकर
धीमे-धीमे आग पकड़ रही मेरी चिता पर छिड़क दे।

ये यूँ ही बेवजह सुगलने लगी है।

तू पास के कमरे में है
कल धोए गए मेरे कपड़ों की घड़ी कर रही है।
मेरी कमीज की सलवटों को ठीक करती
तेरी हथेली का दबाव,
मुझे मेरी छाती में साँसें भर देती है।

पास के कमरे की खिड़की खोल दे,
दालान में पड़े जूते-चप्पल करीने से रख दे,
अपने सामनेवाला दूध का बूथ खुल गया है या नहीं?
जरा देख तो ले!

आई.सी.यू. में से मुझे आज छुट्टी मिल जाएगी।

उबाऊ और थकानभरी यात्रा से वापस लौटकर

हम लोग एक लम्बे समय के बाद अभी-अभी घर आए हैं।
तू कुछ ज्यादा ही थक गई है।
और अभी अभी तेरा मासिक स्राव शुरू हुआ है।
तेरे पास नैपकिन्स भी नहीं है,
लेकिन परेशान होने की जरूरत नहीं है।

मेरी पुरानी कमीज को अलमारी से निकाल ले,
वह साफ है, उसे फाड़ ले
ठीक लगे उस जगह के कपड़े का उपयोग कर ले।
अब आराम कर।

मैं बाजार जाकर कुछ सामान लिए आता हूँ।
आज टिफिन लाकर नहीं खाना है।

फिर मैं तुम्हें अपनी छाती पर
थपकियाँ देकर सुला लूँगा।

फिलहाल तो रसोईघर में जाकर
चूल्हा जला,
आटा गूँध,
छौंक लगा।

अँजुरी में पानी लेकर
मेरी बुझती हुई चिता को ठंडा कर।

[1995]

(अनुवाद : महावीरसिंह चौहान)

एक विनती

कुछ महीने के लिए मुझे छिप जाने दे
अपने शरीर में।
कोई पूछे तो बस एक सुमधुर मुस्कुराहट बिखेर देना।

शुरू-शुरू में तो किसी का ध्यान भी न जाएगा
कि नदी में बाढ़ आने को है, कि
हवा में तूफान का संकेत है, तेरा ब्लडप्रेशर इतना नीचा जानेवाला है, इसे देख
डॉक्टर हड़बड़ा जानेवाले हैं।

और उसके बाद तू ले आनेवाली है दूर-दराज जगह से
खेतों को धन-धान्य से भर देनेवाली, उपजाऊ बाढ़।

अभी तो किसी को यह तक नहीं मालूम
कि ऊपर के पहाड़ी इलाके में कितना पानी बरस रहा है।

बेले के फूलों जैसी तेरी मुस्कुराहट की जड़ें
कहाँ की कहाँ पहुँचती हैं, पथरीले
मैदान जैसे मेरे स्नायुओं के नीचे,
यह बात कोई कभी भी नहीं जान सकेगा।

पर ध्यान रहे हवा में ऐसे झोंके पैदा करने हैं,
समय से आकाश में, कि बैरोमीटर का गिरा हुआ पारा फिर से ऊपर जाए।
क्योंकि सवाल तो तेरी और मेरी जिंदगी का है, आधुनिक चिकित्सा विज्ञान
की उपलब्धियों का नहीं।

फिलहाल तो
गहरे पानी के भीतर, चौड़ी, काई छायी चट्टानों पर लेटे हों झींगे या विष्णु,
उन्हीं की तरह मुझे अपने अन्दर के शयनागार में थोड़ी देर को सुस्ताने दे।

क्या तुझे थकान तो नहीं लगी है मेरे बहुतेरे नवनवीन रूपों की?
केंचुआ, सी एनेमोन, जलघोड़ा, इलेक्ट्रिक फिश, मगर, मोती, टूटकर गिरा
हुआ हवाई जहाज...

अच्छा है कि तू मेरे प्रत्येक रूप को जानती है उसे अपना सकती है।
नहीं तो मेरा क्या होता?

मुझे धरती और आकाश ने निष्काषित कर दिया है,
उन्हें नहीं रुचती है मेरी यह हरकतें।

लेकिन तेरी आँखों में पानी है,
तू साथी है मेरी, गुनाहों में।
तेरी गहराइयों में जाकर हम साजिशें रचते हैं।
पकड़े गए तो सजा होगी, न पकड़े गए तो फायदा होगा, सजा देनेवालों का।
गुनाहों का मर्म कहाँ जानता है काजी या फाँसीगर?
हमें दंड देकर स्वयं क्या गँवाते हैं, उसकी पूरी जानकारी सर्वोच्च न्यायालय
के पास नहीं है।
और फिर, मेरी गरदन पर रस्सी बाँध, पैर तले से पटिया खिसकानेवाले को
पता नहीं,

कि तू मुझे चाहे तब पंख दे सकती है।

सो बेहतर है कि तू सुमधुर मुस्कुराहट बिखरा दे
और कुछ महीनों तक मुझे छिप जाने दे
तेरे सत्कार भरे अनुल्लंघनीय शरीर में...

[1996]

(अनुवाद : महावीरसिंह चौहान)

देखो भीग मत जाना

इतना कहने के लिए ही कलम उठाई है
कि तुम्हें मन ही मन याद करता हूँ।

मैं तो फिलहाल इस दूर-दराज के शहर में हूँ
और न तो निकल ही पड़ा हूँ तुम्हारे पास आने के लिए।

ऑफिस की थकान से कमरे के एकान्त तक का मेरा रास्ता है।
यह क्या करेगा तुम तक पहुँचने की चेष्टा भी?
इस राह चलते-चलते तुम्हारे विचार आते हैं।

यूँ ही विचार आते हैं,
यूँ ही—मसलन, तुमको
कंजेक्टिवाइटिस हुआ था
उसी के, अर्थहीन, कभी-कभी शब्दहीन विचार।

कभी कभार विचार आते हैं कि
तुम उस दूर जगह पर हजार कष्ट झेल रही होगी।
एक के बाद एक विचार आते हैं।
कभी रविवार को तो कभी किसी भी दिन।
घंटों तक ऑफिस का काम अस्तव्यस्त पड़ा रहता है।
सौ के बाद दो सौ के न आकर, आते हैं फिर से एक, यानी
एक सौ एक।

शाम को मेरा रास्ता

कमरे के दरवाजे से होता हुआ मेरे साथ कमरे में आता है।
यह बात अलग है कि इस तरह रास्ता कितना भी लम्बा बने,
तुम तक न पहुँच सकेगा। जानता भी हूँ।

तुम्हारे कष्ट मेरी कविता की सामग्री तो नहीं हैं।
तुम्हारी तकलीफों के खयाल मन में आते रहते हैं, बस इतना ही है।

या तो यहाँ की भीड़ से भरी बस में जाते वक्त
एक के साथ दूजा भी धक्का लगता है,
दूसरी एक बस का।

तब, बहरहाल, हँसानेवाला खयाल आता है
कि इस ढंग से सोचने से तुम्हें वहाँ बस में सीट तो न मिलेगी!
लेकिन
धक्के लगने के बारे में हम ज्यादा कुछ कर नहीं पाते हैं।

वैसे ये सब लिखने की कोई जरूरत नहीं थी।
यहाँ आजकल कुछ ज्यादा ही बारिश हो रही है।
सो इतना ही कहने को कलम उठाई है, कि
देखो, सँभालना, जरा, भीग मत जाना...

[1981]

(अनुवाद : महावीरसिंह चौहान)

बेटे के लिए...

1. बीता कल : पहाड़

तेरे लिए एक पहाड़, मैं।
पथरीली पगडंडियों और दूसरी कई मुसीबतों से भरा,
ऊँचा, फिर भी ऐसा कि जिसे पार किया जा सके।

चट्टानों पर कीलें ठोंक कर,
मौके की दरारों में पंजे जमा कर,
दो-चार जंगली जानवरों को लाठी फटकारते, चढ़ेगा तू ऊपर,
तो सुत जाएँगी तेरी जाँघें और बनेंगे कन्धे कद्दावर।

इसी पहाड़ के जंगलों में
शरीर को पुष्ट करनेवाले
झुकी डालियों पर लगे फल
ऊँचाई पर लटकते मधुछत्ते, दौड़ते हुए
नख-हीन प्राणियों का मांस,
सब तेरे ही लिए तो है।

और रात में चैन की नींद सोने को
निरापद, अनपेक्षित, कोई गुफा।
और सुबह से फिर वही कड़ियल चट्टानें।

पहाड़ चढ़, उसे जान, उस से उतर,
आगे बढ़ेगा तू, पुष्ट और पहुँचा हुआ
तो तेरी ही ताबेदारी में होगी, दूर-दूर तक तेरे सामने फैली धरती।
ऐसे में,

पीछे,
ठंडे कुहरे से आच्छादित होती हुई,
और बढ़ते अन्तराल के कारण निरन्तर छोटी होती जाती गिरिमाला को,

रुके बगैर जरा छू लेना,
सूरज की धूप जैसी सुनहरी तेरी नजर से।

2. आज : सौगात

आज, अठारहवें जन्मदिन पर, तुझे, भविष्य-वैभवी को,
और तो क्या दे सकूँ मैं सौगात?
बस इतनी ही।
कि निकल पड़ा हो तू, कभी, अकेला, स्वैर प्रवास में,
और किसी अनजाने रेल-प्लेटफार्म पर, चार्ट में
चेक करता हो अपना नाम, मुस्तैदी से खड़ा होकर,
गरदन जरा टेढ़ी झुका, आँखें टिकाए, मामूली से तनाव में,
खोजता हो अपना नाम (कि हो गई कनफर्म?)

तब तुझे मिल जाए वहाँ तेरा नाम,
साथ में 'नेम' और 'सरनेम' के कॉलम्स के बीच
पूरा पक्का करानेवाला मेरा भी,
पूर्ण विरामवाले एक अक्षर के रूप में

अथवा, बेहतर
थोड़ी-सी खुली, खाली जगह बनकर
साफ-सुथरी, बिना कुछ लिखी...

3. आनेवाला कल : स्मरण

...ज्यादा न हो मेरा
इस तरह तेरे विगत काल में घुल जाना पसन्द करूँ।

तेरे मॉर्निंग टी-कप की तरल फ्लेवर की तरह, कभी-कभार,
याद आए तुझे मेरी,
तो माफ।

या फिर
किसी मनपसन्द कॉन्फ्रेंस से सफल हो कर लौटता हो तू
तेरे शहर,
एयरकंडिशंड कम्फर्ट में,
लम्बे अन्तर की कोई ट्रेन जा रही हो तेजी से,
किन्हीं दो अनजाने स्टेशनों के बीच, खुले मैदानों से गुजरती,
लम्बे लय से, शाम आठ-साढ़े आठ के शुमार,
तब,
खिड़की से यूँ ही झाँकते बाहर,
सर्विस टी सिप कर
दो-चार सेकंड तेरे चेहरे पर आए हुए
एक अकारण स्मित की तरह...

[1998]

(अनुवाद : महावीरसिंह चौहान)

विपाशा अमेरिका में

आ, थोड़ा-सा उजाला कर लें इस रात में।
इतना समय तो नहीं हुआ सूरज डूबे हुए
कि वह अभी फिर उग निकले।

उसकी जगह जो भी काम आए,
बहुत नहीं तो टिक सके इतना,
उसे पैदा कर लें इस रात में।

हरे पेड़ को देखकर लगता है
कि यह सूख गया होता तो कुछ ईंधन मिलता,
ऐसा समय है यह।

जिन्दा हिरन देखकर लगता है
इसे मार कर काम में ले लें।
मांस खाने के लिए, चमड़ा पहनने के लिए, सींग लड़ने के लिए हो जाएगा,
ऐसा समय है यह।

इस अँधेरे समय में, आ हम किसी नये ढंग से थोड़ा-सा उजाला पैदा कर
लें, इस रात में।

क्योंकि अँधेरे का आदी तो नहीं होना ही है।
चाहे कैसा भी महकता हो, या गंधाता हो, पर जगत को
केवल सूँघ-सूँघ कर जानना नहीं है।

दुनिया को शिकार या शिकारी की फरफराते फड़कते कान से नहीं
पहचानना है।

देखना है, देखना है, देखना है।
पुराने जमाने में मिलता था जो मुफ्त में मिलता था
अब नहीं है ऐसा उजाला, तो क्या हुआ?
सुखाने लायक जो कुछ मिल जाए पैरों से टकराते पत्थरों को आपस में घिसकर
चिनगारी पैदा कर लें।
नुकीली खंती जितना अपने आप से घूमती है उससे भी ज्यादा तेज घुमाकर
अपनी ही हथेली में भार देकर पैदा कर लें थोड़ी आग।
हमारी हथेली में,
सूखे हुए पत्तों में, सूखे पत्तों के ढेर जैसे हमारे मन में
जो भी पैदा होता हो वह उजाला,
न ही सेंकने, भूनने, जलाने, राख करने के लिए यह आग।
अपनी आग यानी अन्त में उजियाला, ऐसी आग जो अन्त में बस उजियाला।
चाहे जरा-सा यह उजाला, जरा सा देखने दे, जरा सी देर
यहाँ इतने में ही भले।
आ, कुछ देर जरा-सा उजाला करके देखें,
और खुद देखें, इस पल को, इस जगह को, अपनी आँखों से,
खुली आँखों से, इस अँधेरी रात में,
विपाशा...

[2014]

(अनुवाद : गगन गिल)

विपाशा : पुत्री, उग्र सेरेब्रल पाल्सी से जूझती, स्वयं कवि, पीएच.डी., अब अकेली सी अमेरिका निवासी।

मगन, भाई, ऐसा करते हम?

मगन की जिद

1

तब जिद पर अड़ा मगनिया बोला, मुझे जीना है।

गुजराती साहित्य तो छक रह गया।

अरे ओ! ऐसा भी कहीं होता है?

एक और युवा पीढ़ी दहाड़ी
कि हमारे एक्सपेरिमेंटल पीरियॉडिकल्स का फिर क्या होगा?
दूसरी ओर बुजुर्गों ने टोका :
कि ऐसे तो निर्वाण शताब्दी के समारोह समाप्त हो जाएँगे।

सब ने कहा अगर जीना ही है
तो साहित्य के घर से बाहर निकल जाओ।

मगन बोला 'हाँ'।
और जैसे ही एक कदम
देहली के बाहर रखा कि
एक चमत्कार हो गया।

ताक में से सरसती माता बाहर आई और
राजा से बोली—
कि जहाँ मगन वहीं मैं।
सरसती माता को देखा कि प्रयोग देवी
सजीव सुन्दरी, लयकुमार और सब के सब

कह उठे कि लो ये हम सब भी चले!
नहीं माने, तो वे नहीं ही माने!

तो बोले ठीक
मगनिया, तू पड़ा रह! उस कोने में

2

लेकिन मगन जिसका नाम,
थोड़े दिन बाद बोला : मुझे प्रेम चाहिए!

अच्छा भाई।
वे ले गए उसे अपोलो स्ट्रीट में।
सुन्दर आकार वाला चौक
उसमें सुन्दर आकार वाले मकान
मकान में ताले-चाभी में रखा गया एक गुप्त कमरा :
स्टेट बैंक के सेफ डिपॉजिट वॉल्ट में ले गए मगन को।
शास्त्र में लिखा है वैसे ही पुजारी साथ में आया और मंत्र बोल
एक चाभी मगन को दे दी। और एक अपने पास रखी
और बाद में तो
'सियावर रामचन्द्र की जै' कहकर दराज खोला
—ये ले प्रेम।

मगन साला मवाली है, बोला कि यह प्रेम है ही नहीं!
प्रेम नहीं, तो ये है क्या?
साले हरामी!
बड़े-बड़े इनाम-विजेता और मेडलधारी भी यहीं से ले जाते हैं प्रेम,
कहानी, नाटक और कविता सब कुछ लिखने के लिए।
और एक तुम हो कि
कह दिया कि यह प्रेम नहीं है।
क्या है ये, है क्या ये?
प्रेम नहीं है तो है क्या?
तो भला क्यों रखेंगे इसे सेफ डिपॉजिट में सभी?
जरूरत पड़े तो ले जाएँ, फिर जहाँ का तहाँ रख आएँ।

कभी पुराना नहीं पड़ता।
बड़े-बड़े नामी प्रोफेसर सालों-साल से इसी का इस्तेमाल करते हैं,
और कई तो पच्चीस-पच्चीस साल से इसका इस्तेमाल कर रहे हैं,
फिर भी नया का नया!

लेकिन मगन हरामी अब कहने लगा :
मुझे जीना है और मुझे प्रेम चाहिए।

3

ठीक भाई।
इसके बाद अहमक मगनिया को साहित्य के घर में बन्द कर दिया गया।
घर में विदेशी किस्म के पाखाने।
हर सुबह उठकर कागज का ही इस्तेमाल करे।

बहुत सारे कागज चाहिए होते :
चलो अच्छा था कि 'टाइम्स ऑफ इंडिया' वाले थे सरदार जी
बड़े-बड़े गोल चोंगे भेजते रहते, उनको लटकाए रखते।

और फिर सभी साहित्य-सम्राट-नये-पुराने सब
इस्तेमाल कर लेने के बाद उसी कागज के नीचे अपने दस्तखत करते ही।
अखबारों, पत्र-पत्रिकाओं में वे
छपते और आकाशवाणी से प्रसारित किए जाते।

खाने में कुछ आ गया हो तो
धारावाहिक उपन्यास भी छापा जा सकता है।

बरस-दर-बरस
तीज-त्योहारों के अवसर पर
विशेषांक और संकलन छापे जाते
इसी में से।

साला मगन सुबह काम ठीक करता।
'ब्रह्म-मुहूर्त' में उठकर काम नियमानुसार पूरा करता।

हाँ, दस्तखत करना भूल जाता,
लेकिन साहित्य प्रेमी सम्पादक तो उसके
आसपास ही रहते,
और तुरन्त नई कविता
(उसने फेंक दी हो तो भी)
ढूँढ़-ढाँढ़कर महाकवि मगन के नाम से छपवाते;
कभी-कभी अपने दस्तखत कर देते।
(अपने यहाँ जनरली गुजराती साहित्य में ईमानदारी बहुत है!
यानी दूसरे की कविता आम तौर पर
कोई उड़ाता नहीं।)
और सालभर के अन्दर-ही-अन्दर
मगन को सरकार का इनाम और दूसरे
पाँच-छह सुवर्णचन्द्रक मिल गए।
फिर तो कितने स्नेह-सम्मेलन!
समारम्भों की तो बात ही मत करो!
एक-एक अखबार में छपा कि अमुक तारीख को
अमुक दिन, महाकवि मगन सम्मान समारम्भ
आयोजित किया जाएगा
फलाँ-फलाँ वक्ता बोलेंगे
और अमुक-अमुक अध्यक्षता करेंगे
और सम्मान समिति के सदस्यों की एक फेहरिस्त छपी नीचे, लम्बी-सी।

सब के सब बोले,
कितना फाइन बोले!
किसी ने काफ्का की बात की
किसी ने मलार्मे ता की बात
तो किसी ने नरसी मेहता की।
किसी ने तो ऊँट और गाय के इश्क की बात कर डाली
हर कोई, कोई न कोई किस्सा सुनाता चला।
और फिर कैसा आनन्द मंगल
और आनन्द अमंगल सब कुछ बरता।

सब के बोलने के बाद किसी को याद आया,
कि अरे उस साले मगनिया को भी तो दो मिनट बोलने दो।

अध्यक्ष महोदय तो घंटी लिये तैयार
कहा एक-दो-तीन, हाँ बोलो!
मगन, बुद्धू का बाप, बेचारा (दया आती थी, हाँ) कहे,

(वही का वही, और क्या?), तो कहे (और ये भी
कविता का इनाम मिल जाने के बाद, क्या?) तो
कहे,
मुझे जीना है, मुझे प्रेम चाहिए, मुझे कविता लिखनी है।

[1970]

(अनुवाद : शैलेश पंडित)

मगन और गाजर

मगन, भाई, ऐसा करते क्या हम?
आज यूँ जा के तू हिरन नक्षत्र के पैर का तारा हिला आया,
और कल आधी रात उठ कर कहेगा :
ना, मैं तो खाऊँगा मूली, मोगरी, गाजर और बेर भी।*

मगन, भाई, जरा सोच तो सही
कि तू कौन?

सप्तरसी की पूँछ में तेरा पहला लम्बर,
महातमा मर जाने के मेले में मामलतदार साब का मुँह
भाषण देते सूखता, तो गाँववाले
पानी का गिलास लिये तुझे भेजते उनके पास।
और वजन नापने की मशीन पर खड़ा तू कोइन डाले
तो कडंग कट खरर खरर खट्ट यूँ आए
तेरे वजन की चिट्ठी।
और पीछे भले भगवान के हाथ से लिखकर आए :
तुम बड़े पराक्रमी व बुद्धिशाली हो,
अगले सप्ताह में तुम्हारी उन्नति होगी

रुका ही नहीं, तू एक सप्ताह भर भी, मगनिया,
विश्वास ही नहीं तेरा भगवान पर!
सो हिला आया हिरन नक्षत्र का पैरवाला तारा!

---

* गुजराती में स्वास्थ्य विषयक मुहावरा है।
मूली, मोगरी, गाजर, बेर, राते खाय ते निश्चे ढोर।
(ये चार चीजें शाम के बाद न खाई जाएँ, खानेवाला निश्चित जानवर है।)

वह भी पीछे वाले पैर का नहीं,
दो पैर का भी नहीं।

अगले, बाएँ पैर का।

जरा देख तो सही,
ये तेरे कारण
कोरिया में कनी काकी की ककड़ी कट गई
और मंचूरिया में माओत्से मूँग की मामी मर गई।
मगन, मगन, क्या क्या कर डाला ये तूने?

भले भगवान, उसे माफ कर देना
उसे मालूम ही नहीं कि उसने क्या कर डाला है।

अरे रे मगन!
रात में गाजर?

[1967]

(अनुवाद : शैलेश पंडित)

मगन से एक सवाल
(हिप्पी लोगों के बारे में)

लेकिन होमोसेक्सुअल्स क्या मगन भाई?

तुम्हारी बात ठीक है।
भगवान निरगुण है और इसीलिए तो।
खगरास गिरेन के वक्त
साले भिखारी नाचते हैं और
सेटरन रॉकेट चन्द्रमा पर पहुँच भी गया।

सच है, सब सच है, कुबूल।
बात साबित है कि गाय रँभाए
और बछड़ा दौड़ा आए,
ऐसा, इस सच बिना, नहीं हो सकता।

कारण एक ही है
और सारी बातें उसका सबूत हैं।

पर नहीं, नहीं, नहीं...
पर मेरी बात सुनो :
इन होमोसेक्सुअल्स का क्या करना?
मिसाल के लिए ये हिप्पी। अमेरिका को लानत है
ये, दानत ठीक नहीं इनकी। हाँ, काम के न काज के
बस, दुश्मन अनाज के।
क्या भारत को अनाज की जरूरत नहीं है?
बाय अफरीका को?

वो नाइजीरिया वाला, यार!
लगता है, तुम अखबार ही नहीं पढ़ते।
हम तो टाइम और लाइफ रेगुलरली पढ़ते हैं
यहाँ यू.एस.आई.एस. में।
क्या लाइब्रेरी है साली, वह भी मुफ्त!

क्या? हाँ, मूल बात यह थी कि ये सभी योजनाएँ ठीक हैं
लेकिन साले इन होमोसेक्सुअल्स का क्या करेंगे?
... ऐं, दवाखाना? क्या? यूनानी? शुद्ध आयुर्वेद?
चिकित्सा? स्वदेसी? परहेज? काफी?
अरे यार, होम्योपैथी नहीं
होम्योपैथी की किसे पड़ी है?

हे भगवान! तुम्हारी इस दुनिया में
कम्युनिकेशन ही सम्भव नहीं है।

लक्ष्मी देवी थीं मूल में कि
तुम्हारा भी था नाभिकमल वाला ब्रह्मा? हे हे हे...

क्या दुनिया रची है यार, मिस्टर पटेल!

[1969]

(अनुवाद : शैलेश पंडित)

मगन और मकान

हे मरण पाए हुए मकान
तुम मगन का निवासस्थान बनना स्वीकारो।
जरा सोचो
भूरे आकाश में भूले पड़े हुए तुम्हारे
ऊँचे गूँगें एरियल की दूसरी ओर
मगन का रेडियो बज उठेगा।
पाताल में पैठ गए
जग पाइपे के खाली कॉरिडोर में
मगन-मूत्र की सिम्फनी बहने लगेगी।
मरी हुई सीप जैसी तुम्हारी बासी हथेली से
अधीर हुए ब्रह्मगन पूर्णावतार पाकर
खुद से उत्पन्न समुद्र की सुगन्ध फैलाएँगे।

मृत्यु के समय चीमड़ हो गई
तुम्हारी अँतड़ियों की गोल सीढ़ियों पर
ट्विस्ट करे जो मगन
तो तुम्हें अवश्य मिलेगा मोक्ष
या टेम्परी राहत।
पछताएँगी वे हवसखोर हवेलियाँ
जो मगन के साथ विजातीय व्यवहार नहीं अपनाएँगी।

अब यही अच्छा है,
ओ मरण पाए हुए मकान,
कि तुम अपनी पगड़ी का लालच छोड़कर
अभी से मगन का निवास-स्थान बनना स्वीकारो।

[1969]

(अनुवाद : शैलेश पंडित)

मगन अघा गया है

चाइना से लड़ते हुए
खुद ने बीस विमान तोड़ गिराए
इतने में ही वह मगन अघा गया।

चीन-चीन यार, चाइना भी कहते हैं।
रेड चाइना भी कहते हैं
और कहनेवाले, तो कुमींगटांग भी कहते थे।
लेकिन अच्छे लोग ऐसे 'टाँगड़ी' जैसे नाम नहीं बोलते
इसलिए चाइना कहते हैं।

लेकिन बस इतने में अघा जाने का?
क्या रामचन्द्र रावण के बीस-बीस हाथ
काटकर अघा गए थे?
हाँ, हनुमान जी बीच में अघाने को हुए थे
कि भरत का बाण आया!...

अपना धार्मिक साहित्य भी क्या खूब है,
जोड़ नहीं मिल सकता दुनिया में
बाइबल? कुरान? जरठूस?
ना भई, पढ़ा तो नहीं
पर गीता माने गीता...
आप पूछते हैं कहाँ वाली सी गीता?
अरे, भगवत्-गीता, गीता जी बोलो।
अर्जुन अघा गया था क्या?

अरे हाँ, हाँ, बहुत होशियारी मत दिखाना, समझे?
विमान नहीं थे तो क्या हुआ?
अग्निअस्त्र, ब्रह्मास्त्र जैसे ब्रह्मास्त्र नहीं थे क्या?
अर्जुन ने नहीं इस्तेमाल किए थे?
नहीं तोड़ डाले थे क्या?
बोलो, नहीं तोड़ डाले थे ब्रह्मास्त्र?

क्यों, बोलती बन्द हो गई तुम्हारी?
मगन के साथी लगते हो।
लेकिन सुनो, सारी दुनिया कहती है कि
बस, इतने में अघा गया मगन भाई?

यह चाइना की लड़ाई में जरा जीता तो
मगन भाई अघा गया।

[1969]

(अनुवाद : शैलेश पंडित)

पर यह मगन है कौन?

मगन की तो
बात ही मत पूछना मुझसे।
कोई कहता है, उसके सात पैर
और सत्ताईस अँगूठे हैं,
तो कोई कहता है, मगन जामुनी घुटनेवाला है
और कत्थई कमर वाला भी।
मगन को मूत्राशय का रोग है या कुछ और
इस बारे में सन्नारियाँ एक मत नहीं हैं।

मगन म्युनिसपैल्टी है,
मगन महन्त है, मवाली है,
महात्मा मगन मोदी का माल नहीं मँगाता,
खुद पंसारी की हाट चलाता है।
कोई-कोई तो कहता है कि मगन हवा पर जीता है।
हवा के कुल-जत्थे की पुलिस-जाँच जारी है।

नहीं, मगन आदमी अच्छा है।
उसके बारे में अफ़वाहों पर ध्यान न दें।
आप अपना मकान उसे बेझिझक
भाड़े पर दे सकते हैं।
क्योंकि अन्ततः मगन सियाम का राजा है,
मंचूरिया की रानी है,
मगन सिंहकटि है।
तोंदियल, कायर, कटारीबाज, कपट सत्याग्रही।

हे आजानुबाहु मगनेश्वर!
हे तुम्हारे कन्धे पर मेरी पृथ्वी टिकी हुई है!
आपकी वाणी में ऋत है मंत्रेश्वर
तुम्हारे हाथ में मेरी बाजी है।
हे भगवान! मवाली! मारवाड़ी!
दुमंजिले! दीवार! दुपट्टा! दोजख!
टेबल! जासूस!... अरे-रे, मगन!

मगन कौन है, यह मुझसे मत पूछो
नहीं तो यही सवाल मैं तुमसे पूछूँगा।

मगन के बढ़े हुए नाखून मेरे भी तो हैं।

मगन स्वच्छ जल में दिखाई देता है।
मगन को अंजली भर उठाओ मत,
ऐसे कभी उठाया नहीं जा सकता
वह मोटा।

[1969]

(अनुवाद : शैलेश पंडित)

९

प्रलय

क्या इसे कोई कहेगा पानी?
इसका कोई नाता ही नहीं है
कुएँ के पानी के साथ
सींव के तालाब के साथ
या गाँव में हर साल बरसनेवाली बरसात के साथ।

यह पानी?
    पराया
        हड़बड़ाया
                मटियाया
                        आया
                            आया
                                ये
ठेठ घर की घड़ौंची तक घुस आया, जानवर,
घुरघुराता।
होता अगर कुत्ता तो सोंटी ही सोंटी उछार दी होती
उसकी पीठ पर।
वाऊ वाऊ वाऊ वाऊ वाऊ।
लेकिन ऐसी आवाज करता तो भाग खड़े होते हैं
सारे मुहल्ले के बरतन, पीतल के डरपोक कुत्ते से,
और घुरकता रहता, दूर से यही।
होता यदि साँप, फणिधर नाग, मणिधर
तो झुककर रखता उसके सामने घी का दिया झिलमिलाता।
झिलमिलाती उसके मस्तक की मणि और सामने
घड़ौंची पर थिरकती दिए की ज्योति,
कामिनी, थिरकती।

झिलमिलाती थिरकती झिलमिलाती।
लेकिन यहाँ तो चमकती है केवल
उसकी पारे जैसी भारी-भरकम सतह पर ऊपर ही ऊपर तैरती
आठवीं के चन्द्रमा की आधी-अधूरी देह।
कैसे इसे कहेगा कोई पानी?
कोई मृतक को अपने कंधे उठाकर ले जानेवाले ज्ञातिजन,
गहरे स्वर में आवाज देते आ गए थे
मौत के अधिकार से सब के बीच से अपना रास्ता निकालते,
अभी वे बैठे हैं, उस घर के चारों ओर,
चबूतरों पर, पनघट पर, किवाड़ के पास,
अड्डा जमा कर, राह देखते, मानो उकताए हुए,
लेकिन धीरज से, बीच-बीच धीरे से खी-खी करते,
बेफिक्र जैसे, चारों ओर,
और बीच में हम।

हम।

एक-दूसरे से दूर
कोरे कागज पर
दीमक
सूराख कर के
गई हो

और बीच में बी

च में बच गए हों

कु छ न कु छ श ब्द
ऐसे हम!
हम छप्पर पर पेड़ पर टीले के मत्थे पर स्कूल के पक्के मकान की
तीसरी मंजिल पर सरकारी नावों पर कामचलाऊ डोंगियों पर
खचाखच हम आकाश का कोई खाँचा
पकड़कर ऊँचा होने को

कुहनियाँ टेक कर जोर लगाते हुए हम
दूर-दूर के छप्परों पर 'साँप है साँप है' की
सुन पुकार, 'क्या है? क्या है?' की एक
लम्बी चीख निकालते,
और कन्धे से कन्धा मिलाकर बैठे हुए पड़ोसी के साथ
बात चुक जाने से
या ऊबकर चुपचाप बैठे रहते हैं।

साथ ही हम सब इस पानी कही जानेवाली चीज
के रेशे-रेशे बढ़ने-घटने को चुपचाप
अच्छी तरह जानते होते हैं, एक जैसी सतर्कता से।

जैसे कुआँरी को दिन चढ़ गए हों और शुरू-शुरू में
किसी को कानोकान भनक भी न लगे।
और फिर अचानक कोई जाने, और
पूरे गाँव की नजर में आ जाए।
आधे दिन तब यहाँ अटकलें चलें कि
कौन-सा महीना होगा?
लेकिन सूरज नमे इसके पहले ही अपने-अपने
चबूतरों पर बैठे लोग
सहमति बना लें कि
इतना बढ़ा है पेट, तो निश्चित इतने ही महीने हुए होंगे
ऐसे ही हर छप्पर पर
कितना बढ़ा पानी इस आखिरी घंटे में
अब इसका कोई अन्दाज नहीं लगाना पड़ता
रेशा-रेशा उसका
माप लिया जाता है तत्काल
पूरी सावधानी के साथ
हम सबके द्वारा।

सवाल दो हैं (मानो)
कौन होगा इसका बाप?
क्या जन्मेगा इस उठाव में से?

बाप? कौन होगा, इसका?
                                        पाप!
पाप के विचार आते रहते हैं, कब के
पाप—किसका यह पाप? (है पाप?)
(या पानी?)
पानी कहेगा कोई इसे? पाप।
(पाप कैसा? पानी।)
ये पाप बैठा है, खाने को पूरे गाँव को। लार टपकाते
लार भरे पोपले मुँह को खोलकर
ये पूरा दाँत विहीन पाप, लेकिन जहरीले लार भरे
जबड़े फैलाए हुए।
हिलता-डुलता पड़ा है, चारों ओर हिलकोरे
ले-लेकर जबड़े हिलाता
यह पाप (पानी? कौन इसे कहता है पानी? पानी ही तो) ये
पाप, इसका करेंगे क्या अब?
                        किसका?
यह पाप किसका?
                        बाप है कौन इसका?
छिनार की लड़की का। बाप सारा गाँव
सारा गाँव मालिक,
छिनार की लड़की का।

हो गया ठीक-ठाक जैसे-तैसे करके, यह
नपा-तुला वाक्य।
वजन समान दोनों ओर, दोनों बाजू समतुल्य,
समतुल्य प्रलय भी यह चारों ओर।

गाँव में बस गया ज्यों-त्यों फिर भी ठीक-ठाक यह प्रलय

बाप इसका पूरा गाँव, मालिक पूरा गाँव
जो बनी थी माँ, वही बनी बहू।

पानी ही माया
ऊपर का बुदबुदा काया।

इस भारी-भरकम पानी पर तैरता है, तैरता है बुदबुद सा
पाठशाला का पक्का मकान, टीले पर का वह मन्दिर,
पेड़ की वह चोटी,
यह फटी आँखोंवाली बहती भैंस, वह हिलता-डुलता प्याला बहता हुआ
पीतल का, किसी का प्याला, पानी बगैर का पीतल का, और पालना था
लकड़ी का, पर खाली नहीं, तरबतर झोली में पड़ा चुपचाप
छोरा छिनाल का या सती का, अच्छा है कि रोता नहीं है,
हुआँ हुआँ, नहीं तो अनखाते कान, यह तो बस बुडबुड
पानी पर तैरता लकड़ी का पालना, हिले जरा पानी पर,
जरा-जरा झूलता है, जरा-जरा झोलें खाता
झूलकर लेट जाओ,
प्राणजीवन मेरे तुम सो जाओ, झूलो, झूलो और
लेटो ओ मेरे प्राणजीवन लेट जाओ
झूलो फिर झूलो और
झूलते हैं झूलते जगजीवन झूलते हैं
सोने के पालने में[1]
झूले सच्चिदानन्द आनन्द क्रीड़ा करें सोने के पालने में
यहाँ झूले छोरा छिनार का
छोरे छिनार के
छिनार के छोरे!
चारों ओर

चारों ओर चारों ओर।
पानी की छाती से चिपके चुपचुप चारों ओर छोरे....
लेकिन नहीं,
नहीं भई नहीं

नहीं
इस तरह, उलटे-सीधे विचारों पर थक कर चढ़ जाना भी
ठीक नहीं
चढ़ जाना हो, तो भी

---

1. पढ़ना सिखाने के लिए बनाया बालगीत

मत चढ़ो
विचारों की कमनीय काया पर
टेबू
निषिद्ध सगोत्र विवाह निषिद्ध
निषिद्ध छिनार की छोरी
टेबू टेबू टेबू निषिद्ध, नाना मना टेबू निषिद्ध
ना मना टेबू, टेबूक, टेबूक, टेबूक
टेबूक, टेबूक, टेबूक टपके है पनिया रे
पनघट पे पनिया-भरन गई टपके है पनिया रे
टेबूक, टेबूक, टेबूक टपके है पनिया रे
सूख गए कुएँ ओ तलाब, टपके है पनिया रे
टेबूक, टेबूक, टेबूक टपके है पनिया रे।
टपके छिपकली की लार, टेबूक पनिया रे,
टेबूक, टेबूक, टेबूक टपके है पनिया रे
लपटों की ऊँची लपकार, टेबूक पनिया रे।
टेबूक, टेबूक, पनिया रे
ये तो पापी हमारा काल, टेबूक पनिया रे,
हम पनिया भरन गई तलाब, टेबूक पनिया रे

तलाब नदी कुआँ, कहाँ है अलग इन सबका अस्तित्व बस
फैला है चारों ओर सम्प्लुत उदक, ब्रह्म के समान।
सर्वत्र यहीं
यहीं
यहीं एक
अन्य कुछ भी नहीं

अन्य! अन्य! कहाँ है तू?

कहाँ है?

अन्य?
अपने छप्पर की मुँडेर पर फँसा बैठा हूँ कितनी रातों से
और मैं अपनी पूर्ण कामना से चाहता हूँ तुझे, नारी, कहाँ है तू?

प्रलय के इस पानी से तू ही मुझे बचा सकती है, नारी,
तू ही मुझे धारण कर अपने गर्भ के जल में
और विकसित होने दे एक कमल पुष्प की तरह
अपने गर्भ के जल में,
मुझे रक्ष

रक्ष रक्ष

नारी

इस प्रलय जल से मुझे रक्ष

अपने गर्भ जल के अन्दर लेकर मुझे

यथाकाल,

पुनर्जन्म होने दे मेरा

मुझसे अजान

स्मृति भी न रहे मुझे पूर्वजन्म की,

मात्र तू ही

जानती होगी, तारा, पारमिता, मेरा जातक

मात्र तू ही

अंबा, तू ही जानती होगी कि ये तो है, हूँ, हूँ, हैं, मैं ही।
ह्रीं क्लीं ह्रीं क्लीं है, हूँ हो है, होंगे, हो, झँ हे
हैं हैं हैं ह्रीं क्लीं ह्रीं क्लीं

दयिता माता,
रक्ष, रक्ष, रक्ष
जल द्वारा रक्ष
जल से रक्ष
जल में रक्ष
जल को रक्ष
रक्ष रक्ष
जल से रक्ष
जल में से रक्ष—जल में रक्ष
जल द्वारा रक्ष—जल को रक्ष

रक्ष रक्ष

नारी।

लाकर तुझे
प्रबल निज देह तक, तुझे असहाय बना

अपने प्रबल काम द्वारा
अपनी तप्त देह की अग्नि द्वारा
दग्ध कर दूँगा तेरी देह हौले-हौले परमोत्तिप्त
देह तेरी घुला-मिलाकर अपनी देह में
नारी
प्रबल कामना के साथ, करके प्रवेश तेरे शरणागत चैतन्य में
चाहता हूँ रक्षण करना स्वयं का
रक्ष रक्ष
नारी,
जल में, जल से, जल द्वारा रक्ष मुझे
जल स्वरूपिणी,
डालता हूँ मैं ये निज उत्तप्त अग्नि तुझ में...

पानी में डालता हूँ आग और होता है छन्न
ब्रह्मांड के संगीत का सृजन करती
नृत्य करती स्पंदित छोरियाँ।
नवयौवना किशोरियाँ
मध्याएँ, स्तनों से, नितम्बों से भरी-भरी
रसरसाल
करती हैं रक्षा ब्रह्मांड की।
भौंहों के चाप से, दृष्टि के शर से, होंठ जघन प्रत्यंग के
सघन प्रहार से ये असहाय नारियाँ
कपोतिनियाँ, उलूकवधुएँ, सारसियाँ, सिंहनियाँ, मृगियाँ
यक्षिणी, किन्नरी, मानव कन्याएँ श्याम, गौर, पीत, गेहूँवर्णी,
विवश कर देती हैं, विश्वामित्र को और बिलकुल
बेहाल कर देती है, बी.ए. में पढ़ते किशोरों को
कामिनी किशोरियाँ सृष्टि के गहरे
सम्मोहन को वहन करते हुए अपनी पलकों पर...
मेरी नाभि के पास, छलक उठता है प्रलय का पानी श्वेत, आदिम
एक साथ मेरे आकाश में उगते हैं अनेक चन्द्रबिम्ब
कोई पूर्णबिम्ब क्षितिज से थोड़ा ऊपर, कोई सामने के किनारे
अर्धपूर्ण, आधा धँसा हुआ आकाश के गड्ढे में, कोई मध्य व्योम की
चोटी को अपनी बीज लेखा उँगली पर
साधता—हर एक स्वतंत्र,

कोई भी बँधा नहीं है किसी क्रम तिथि या संख्या की साँकल में।
मेरे आकाश में एकाधिक चन्द्रबिम्ब सम्मोहक,
स्वतंत्र
गरज उठता है अर्थमुक्त आवाजों में मेरी नाभि का महासागर
घोर ज्वार की उफनाती लहरों में।
सतह से फिंकते हैं मूठों भर मोती,
मोतियों के एक-एक बिन्दु में जगमगाती है मेरे भीतर की वड़वाग्नि
अग्नि की चिनगारियाँ फेंकता हूँ मैं इस जल में,
ओम छट् फट् क्लीं ह्रीं स्वाहा
छप्
छप्
छननन
छप्
छ न न न न न न न छप्
छप्
छप छनन छन.... छन छनन छप्
नाचें छोरियाँ
हुआ मुजरा मेरे आँगन नाचें छोरियाँ।
मैंने तो आतिश जैसी जगमग करती फेंकी सोने की मुहर
उसने ऊपर ही ऊपर से पकड़ी और बाँधी दुपट्टे की छोर।
उसके दुपट्टे की गाँठ, बहुत क्या अंडा
मुरगी सा सेये उसे यह रंडा,
खोली खोली जब वो गाँठ तो बोलो निकला कौन—कोई नहीं
खोली दूजी गाँठ, तो बोलो, बोलो निकला कौन?—कुछ नहीं
खोली तीसरी गाँठ तो बोलो निकला कौन? कुछ भी तो नहीं
अब चूनरी के उधेड़े तानेताने और तार
तार तार एक-एक तार—अब क्या—अब कुछ नहीं
अब किसी सम्बन्ध बिना के धागे का सुनसान
एक भी गाँठ बगैर के सीधे धागे का सुनसान
यह एक भी गाँठ बिना के धागे का केवल सुनसान। कुछ नहीं
यह किसी फूल-गोटे के बुनावट बिना पड़ा सुनसान। कुछ नहीं
कुछ नहीं, कहीं भी कुछ भी नहीं
कुछ नहीं, मात्र कुछ नहीं
कुछ नहीं, अरे कितना सारा कुछ भी नहीं

कुछ भी नहीं से आभ भरा घनघोर। कुछ नहीं
कुछ नहीं करता है अजब कलशोर। कुछ नहीं
कुछ नहीं महकती आम्र मंजीर। कुछ नहीं
उसके लेखे जगमगाते ज्योति भरे उद्योत रवि कोट[1]
निकलती है जहाँ कुछ नहीं की सोने की कोर, कुछ नहीं
यूँ तो हो गया है सब सीधा-सरल कुछ नहीं
कुछ नहीं ही बाढ़ प्रलय फैली है चारों ओर—कुछ नहीं।

इसके बाद छप्पर की मुंडेर पर बैठा-बैठा सोचता हूँ
पिछले माह फिल्म देखने के बाद खाया हुआ पान। सोच
के बदले चुपचाप मुँह के अन्दर की सुगंध सीधी साँस में
समाती है और पिपरमेंट के फूल जीभ पर उगते हैं
जामुनी और पीले रंग के
थोड़ी देर के बाद कोई मुझसे पूछता है, बापू, होगा थोड़ा-सा
पीने का
पानी पानी पानी पानी पानी
कुम्हला जाते हैं
पिपरमेंट के फूल और मेरी जीभ पर कुम्हला जाती है भाषा।
किसी के साथ मुझे जोड़नेवाली भाषा।
हालाँकि वह मेरी जीभ पर तो है ही
रंग-बिरंगे फूल
लेकिन नहीं हैं।
पानी है ही।
और है नहीं।
इस पानी में कुछ घुल गया है
होने और न होने के बीच का कुछ।
इस पानी में कुछ घुल गया है,
हऽऽफ्
बचाओ बचाओ बचाओ
पड़ोस के घर की दीवारें ढह गई हैं।
इस पानी में कुछ घुल गया है।
पिपरमेंट के फूलों का रंग घुल गया है।

1. नरसिंह मेहता की पंक्तियों का सन्दर्भ, सस्मित!

बचाओ बचाओ बचाओ बचाओ
किस भाषा में यह बोलता है कोई
बोलनी नहीं आती है, मुझे ऐसी कोई भाषा
सुननी भी नहीं आती, ऐसी भाषा कोई
बचाओ पानी भगवान डूबे पानी बचाओ
ओ माँ ओ भगवान ओ पानी!
पिपरमेंट के फूलों के अगम जंगल
उगते हैं मेरी जीभ पर :
पानी वाणी पानी वाणी पानी वाणी पानी वाणी पानी वाणी
सब कुछ भूल गया हूँ। भाषा मात्र।
कोई अपेक्षा नहीं
कोई योग्यता नहीं
नहीं है, नहीं है, नहीं है सन्निधि रज मात्र भी
इस अलग-थलग कर देनेवाले पानी में।
शब्द जो डुबाता है, है पानी का ही
मेरी है डूबनेवाले की बड़बुड़, अर्थहीन बुड़बड़
बुड़ बुड़ बुड़ बड़ बड़ बड़ बुड़ बड़ बुड़ बड़ बुड़
बड्ड बड्ड बड्ड डुब डुब बड्ड ब ब
बा
बा बा[1]
बा बा पा
बा बा पा
बा बा पा नी पि ला
ना भा ई दू ध खा
ना बा पा नी पि ला
ना भा पा नी खा
ना बा पा नी पि ला
ना भा पा नी खा
बा बा क हाँ हैं पा णा
भा आ पा णा आ पा णा आ पा णा
बा पा णा ना पा
आ पा णा ना पा बा

---

1. गुजराती में 'पाणी' (पानी, जल) और 'पाणा' (पत्थर) ये दो समानोच्चार शब्द है

आ पा णा आ जा णा बा
आ पा णा म जा ना भा
ना ना बा ना पा
आ पा णा अं धा छा बा
आ पा णा ब ह रा छा
आ पा णा अ वा चा का छा
आ पा णा ऊं डा छा
बा बा आ पा णा ना पा
भा खा खा आ पा णा
खाना ही पड़ेगा, पीना ही पड़ेगा
सूँघना ही पड़ेगा
छूना ही पड़ेगा देखना ही पड़ेगा यह पानी?
माँ, सुनना ही पड़ेगा, यह वाणी?
सुनना ही पड़ेगा, बोलना ही पड़ेगा,
धीरे-धीरे स्वाद सध जाता है,
अच्छा लगता है, मजेदार लगता है
तभी तो कहा जाता है
आग, साँप और जल की रेल
इनके साथ न कीजै खेल
खेल ही तो इस पानी के साथ इस प्रलय के साथ
खेल ही तो शुरू कर दिया है डिम्ब ने गर्भजल में हाथ-पग उछाल-उछालकर
शिशु ने पत्ते पर हाथ-पग उछालते-उछालते।[1]

लेकिन इसके बाद
और पहले...

बाद की और पहले की तो बात है इस छप्पर पर।

छप्पर पर फँसा बैठा हूँ
और तैरना नहीं आता है वाणी में।
हेलिकॉप्टर आया, हेलिकॉप्टर आया कहते हैं।
फूड पैकेट फेंकते हैं दवाएँ भी,

---

1. सन्दर्भ : प्रलयजल में पीपल के पत्ते पर शिशुरूप कृष्ण

पीने के पानी की पॉलीथिन की थैलियाँ
हेलिकॉप्टर आया-हेलिकॉप्टर कहते हैं
जाता है।
खाते हैं पीते हैं लेते हैं मूतते हैं हगते हैं,
छींकते हैं, छीं छीं एँ भी अभी छींएँ[1] और
छींएँ के उपरान्त
छींएँ फिर छींएँ हालाँकि छींएँ
इसलिए छींएँ फिर भी छींएँ और छींएँ
हाँ छींएँ दवा लो काका ठीक हो जाओगे,
हेलिकॉप्टर ने जो फेंकी वह दवा
यूँ सरदी ऐसे मिटती नहीं
और ये चारों ओर पानी
और पानी के बीच हम।

बस।

[1984]

(अनुवाद : महावीरसिंह चौहान)

1. गुजराती में 'छीएँ' (हिन्दी 'हैं') प्रथम पुरुष बहुवचन में ('हम हैं') 'छुं' क्रियापद का रूप है।

१०

भाषा

जितना कहे, उतना गोपे

जंगल

जंगल में आग लगी है और मेरे गीत का छंद विलम्बित है।
शीशम के शब्द-वृक्षों पर रहनेवाले
अर्थ-पंछियों को अब नहीं बचाया जा सकेगा।

यह पुराना वर्षा-वन, लम्बा-ऊँचा, सुग्गा पंछी-सा हरा-हरा, घना और चौड़ा।

कितने चौमासे यूँ निकल गए
फिर भी इसके तल में बचा है पानी
गँदला और कड़वा।

यह बीहड़ वन सुलग नहीं जाएगा जल्दी यूँ ही
उठती रहेंगी आग की लपटें
उड़ते रहेंगे चिंगार-बगूले
यूँ ही।
कोमल राख की सुख-शय्या पर
ले न सकेगी चैन की झपकी ये आग।

पानी है बस इतना सूखने न दे इस जंगल को,
इतना नहीं कि बुझा सके इसकी आग।

विलम्बित लय में चलता गीत यह, छोड़ चुका है पीछे अभिधा को
पर पहुँच नहीं पाया लक्ष्यार्थ तक।
अब पशु, मानव, पंछी, पेड़ों के दुख कातर स्वर गूँज रहे हैं सब एक समान।

हरा-भरा बड़ा सा यह झुंड, सैकड़ों तोतों का, उछलता आकाश में
गोता खाता, बिखरता, अँगड़ाई लेता आकाश में

जा गिरता है जंगल के सिर पर,
बदरंग पत्थरों की चोट-सा।
ऊपर उठ छू लेती है आकाश यह आग
और भीतर?
पिंगल-पोथी में लिख छोड़े थे गण-पति-माप-सुवस सब ऊँट, उठ गए पन्ने
जलकर पवन के वेग में, न रहे याद कैसे लिखूँ अब
ये पत्थरों की चोट से सुन्न शीशम और सागौन के वृक्ष
ध्वस्त होने की ध्वनियों का सकल काव्य
जल रही है धू-धू ध्वजा घनी और चौड़ी
वनखंडी महादेव के शिवाले की।
लिंग पर लटकती पीतल की जलधार में उबल रहा है पानी।
कान लगा, पानी के उस खौलने में, सुन रहा हूँ शब्दालंकारों को
कहाँ हैं उनकी मूल कारिकाएँ?
गर्भागार में जगमगाहट प्रबल हो गई अब।
श्वेत और शीतल संगमरमर के पीछे मैं।
बहुकोणी स्फटिकों के भीतर, जगमगाते हीरों की तराशी चट्टानों पर मैं।
देख रहा हूँ कब से कहाँ तक जल रहा है धू-धू जंगल।
मुझे नहीं छूती यह आग।
दाह-दाह हूँ मैं।

[2000]

(अनुवाद : गगन गिल)

भाषा

मुझे तो भा गई है अपनी गुजराती भाषा।

सुख-दुःख की बातें करते हों, स्कूलों में
एडमिशन का सवाल, मंगल महूडी से गोधरा जाती
एस.टी. का टेम, विटामिन एवं च्यवनप्राश,
जीबोणाएण्दो दाश की बोनोलोतार काब्येर सौन्दजी,
मंत्रीश्री और अरजी, कालूभाई की गगी के गौरीव्रत करने
की बातें, और, 'आइ लव यू सुरेखा, सच में'—तक

और, अरे, अभी तो अपरम्पार सुरावली में इसका
संगीत सुना है मैंने।

एक बार 'पूर्वालाप' लेकर बैठा। 'कान्त'[1] प्रिय कवि।
सोचा कि पूरी दुपहरी आज पढ़ता रहूँगा
खंडकाव्य, कव्वालियाँ, अंजनीगीत, लिरिक्स, वॉट नॉट?
'आकाशे एनी ए तारा' पढ़ा। और जरा ध्यान देना, हाँ,
कविवर 'कान्त' की फिलिम कैसी उतारती है अपनी यह
शरारती गुजराती भाषा!—भगवान की
असीम कृपा से गद्गद् हो कविवर इसके प्रति
आभार व्यक्त करना चाहते थे; पर बोल उठे
इन्स्टेड कि
'आपे मने न्हवराव्यो, ओ तातजी! आपे मने न्हवराव्यो।'
(आपने मुझे नहलाया, ओ तातजी। आपने मुझे नहलाया।)

---

1. 'कान्त', कवि का उपनाम है, 19वीं शताब्दी के गुजराती के श्रेष्ठ कवि। धर्मान्तरण से ईसाई धर्म को अपनाया था। यह काव्यपंक्ति उनके काव्यसंचय 'पूर्वालाप' से ली गई है।

समाप्त,
'पूर्वालाप' का मेरा वाचन समाप्त।
भीतर नाभि के निकट से उभरते रहे हास्य के
बुदबुदे रह-रह कर।

मुझे तो भा गई है यह अपनी भाषा
जो अपने लाड़ले से लाड़ले बेटे तक का मजाक बना देती है।

वह कौन है इसकी सबसे लाडली सन्तान?
...कोई गूँगी लड़की, लगभग सोलह की?
उसके कुछ पास बैठ, उसके बाल सहलाती होगी
किसी एकान्त सन्ध्या में, गुपचुप, यह गुजराती भाषा।
इसका वात्सल्य चाहिए तो चुपचाप रहिए।

किस तरह जन्मी होगी यह खुद?
'वायसु उड्डावन्तिअए पिउ दिट्ठउ सहसत्ति...'
परन्तु आगे
'भल्ला हुआ जु मारिआ बहिणि माहरा कन्तु'[1]
...जन्मी होगी बिना बाप के?

पर यह तो अनादि।

उल्लास एवं विषाद,
ये बातें सुख-दुःख की,
अनादि।
अनादि यह भी। गुजराती भाषा। भाषा मात्र।

एक अखंड प्रवाह अमृत का
मन्दाकिनी कहे, कहे गंगा, हुगली भी कहे।
चित्त चौंका तो कहे सागर।
अनन्त, यह गुजराती भाषा। मात्र भाषा।

1. 12वीं शताब्दी के 'सिद्धहैम अपभ्रंश व्याकरण' में उद्धृत दोहे, पुरानी गुजराती के उदाहरण।

अनादि, अखंड, अनन्त सुख-दुःख की बात,
साँझ की चौपाल पर बैठ आपस में करते हैं अपन;
या रेस्तराँ में

भाषा
जितना कहे, उतना गोपे
छिपाने को छिपाती जाती है और कहीं उगल देती है एक संकेत में...

'माँ नी आँखों ना अणसारे, बापनी बोलाछे'...[1]
(माँ की आँखों के आभास से; बाप के बोलने की ढब से...)
बोलने की ढब ही तो है गुजराती भाषा
एक-एक शब्दोच्चार के साथ पूरा-पूरा मनुष्य
'गर्भमाँ रहेला बालकनी आँखों माताना चहेरामाँ चमके'[2]
(गर्भस्थ शिशु की आँखें माता के चेहरे में चमकें)
इस तरह तुमने झाँकते देखा है, समूचा अस्तित्व
किसी का आधेक शब्दोच्चार में इसके?
अलभ्य है क्षण इस उच्चार के सुनने का भी।
कूवत चाहिए, चाहिए मनुजत्व जीवनभर का।

पशु बोल नहीं सकते, मनुष्य ही सार्थक शब्द उच्चार सकता है,
ऐसा भाषाविद् कहते हैं, इसकी यह बात नहीं।
भाषा बोलना वह मनुष्यता होगी,
मनुष्यता है बोला हुआ सुनने में;
और न बोला हुआ भी।
कितना सारा शेष रह गया है, बिन बोला तेरे भीतर
मेरे भाई, मेरी बहिन,
यह जानता हूँ।
तेरी ओर से बोलने का अधिकार रखनेवाले कवि तो दूसरे हैं।
चुपचाप सुनता हूँ मैं तो तेरे अनबोले बोल।
मुझे आदर है तेरे गूँगेपन के लिए
और स्नेह है तेरी मनुष्यता के लिए।

---

1. गुजराती लोकगीत।
2. उमाशंकर जोशी की काव्यपंक्ति।

सच्चा मनुष्य
कुत्तों, गायों, बिल्लियों, घोड़ों, और झाड़-पान की
तरह, भाषा सुन सकनेवाला प्राणी है।
और गूँगा रह सकनेवाला।

किस तरह पली-पुसी होगी यह गुजराती भाषा?
कैदखाने में गई होगी यह नरसिंह की अँगुली पकड़कर।[1]
उस कोठरी के अँधेरे में घोटा गया होगा इसका 'क'।
और फिर, दूसरे दिन
भगवान के कंठ से मनुष्य के गले में इसने स्थानान्तर किया होगा।
सोने के हार का आकार लिया था इसने,
गले के बाहरी हिस्से के लिए
यह तो मिथ!
बात तो बनी थी भीतर।
फिर
रफ्ता
रफ्ता
हार फिर से बुत के गले में पहुँच गया।
खुली आँख सें देखता हूँ,
चौकन्ने कानों से सुनता हूँ,
पर मनुष्य का कंठ खाली है, उसकी आवाज चुप है।
अरे, कौन बोलता है यह गुजराती भाषा?
प्रिंटिंग मशीनें? यांत्रिकता से काँपते रेडियो के वाल्व?
टेलीविजन के बिन्दुओं से बने चेहरे—जो
बिलकुल मेरे सामने हैं,
और खुली आँख से जो जरा भी देखते नहीं मुझे?
इनकी नजर के सामने मेरा हार्टफेल हो जाए
फिर भी 'अरे' तक भी नहीं बोलेंगे ये, बोलते
जाएँगे कोई कविता, वार्तालाप या नाटक!

---

1. 14-15वीं शताब्दी के महान गुजराती कवि, नरसिंह मेहता, राजा ने यह कहकर कि सच्चे भक्त हो तो मूर्ति का कंठहार स्वयं तेरे गले में आ जाएगा, बन्दी बनाया था।

अरे, कौन बोलता है आज यह गुजराती भाषा?
हृदय बन्द हो गया है
यंत्र शुरू हो गया है।
हार पहुँच गया है फिर से बुत की गरदन पर।
और फिर नये आए सुरताल की मैली नजर भी
पड़ी है इस पर।
हेमाला पटेल[1] की लड़की!
मेरी बहन मेरी माँ, भाषा गुजराती!
तीर लगने पर जैसे गाय चिल्लाती है इस तरह
चिल्लाती है तू?
घाव बहुत दुखते हैं तेरे?
गहरा घुस गया है यह जहरीला तीर?
रुक जा! धीमे मेरे बाप धीमे। यह आया
यह आया, तरगाला[2], कवि
प्रिंटिंग मशीनें मनुष्य को मनुष्य
सभी जाति-पाँति से बाहर कर देंगे।
तो भले ही करे : बोल,
मनुष्य! मनुष्य!! बोल
फिर से गुजराती भाषा बोल,

बार-बार गुजराती भाषा बोल।
बोल मनुष्य, मनुष्य की भाषा बोल।

[1979]

1. हेमाला पटेल, 14वीं शताब्दी में, भवाई लोकनाटकों के प्रणेता असाइत ठाकुर के आश्रयदाता, उत्तरी गुजरात के समृद्ध किसान। उनकी पुत्री गंगा को मुसलमान शासक का एक हाकिम उठा ले गया था। असाइत ने, उसके पास जा, संगीत से उसे प्रसन्न कर, बदले में गंगा को मुक्त करवाया था।
2. तरगाला, तीन निकटस्थ घरों में रहनेवाले असाइत के बेटे, क्रमश: सभी भवाई नाट्य कलाकार।

सिंहवाहिनी स्तोत्र[1]

मयूर पर से उतर, शारदा, सिंह ऊपर चढ़,
देव सो ही दानव है जो, तो तू आगे बढ़।

कैसा यह सागर-मंथन है, जल को कोई न जाने,
समय-सर्प के दोनों छोर को निरी लालसा ताने।

इक अतीत ही पकड़ खड़ा है, दूजा सिर्फ भविष्य लिये,
ऐसा है क्या सांप्रत में, ना उसे तनिक भी कोई छुए?

तिमिर तंत्र तोतिंग तेज से भय खाये भीतर से,
गरल पचा ना सका, अमृत वह पचा सकेगा कैसे?

विफर वासुकी फूत्कारेगा, दुत्कारेगा, अवश्य देगा
उभय अदिति-दिति संतति को इतिहास-दंश,
जल थम्भ जाए जड़
तू आगे बढ़।

शासक कुटिल, शासित सब स्वार्थ-निमग्न, सचिव-गण यंत्र,
घुटनों-तक दर्पण-जल डूबे ऋषि, न देखे मंत्र।

अतंत्र, उद्धत, नियम-परे, लोलुप है शासक-वर्ग,
नरकासुर के पैर पकड़ देवों ने पाया स्वर्ग।

---

1. वेदकालीन 'शतपथ ब्राह्मण' ग्रन्थ में कथा है। अंगिरस ऋषि ने यज्ञ किया। सभी को यज्ञभाग दिया; केवल सरस्वती को नहीं। देवी सिंह पर बैठ आई और वहाँ आए देव-दानवों को पराजित किया, और अंगिराओं को भगाया।

कुबेर का धन-कोष सुपुर्द किया दश-मुख-भक्षक को,
देवराज ने इन्द्रासन के तले छिपाए रखा बड़े ही दुलार से तक्षक को।
मोरपीच्छ पीछे छिप-छिपकर कविजन करते नाहक बड़बड़,
सिंह ऊपर चढ़।

पणियों[1] के पैरों में सरमा पेट भरे सोई है,
नये इन्द्र की कुतिया अब यह नया सीख आई है।

सब कुछ अब है पण्य यहाँ, हर चीज पे लगती बोली,
पूरे मन में फैली इक बाजार बीहड़ सी खेली।

कहो खरीदी क्या करनी है, किसे बेचने आए हो?
देह? देश? मन? मान? मानवी? प्रीत? प्रभु?—क्या लाये हो?
छप्पन-कोटि-ध्वजा लहराता उद्धत विपरीत विद्या का गढ़,
तू आगे बढ़।

आँखें सब हो गईं मटमैली, छुए तो छोड़े निशान,
खालीपन ने पहना रूपेरी परदा परिधान।

आशा की मारी कई मुग्धा, शिश्न-शिखर से कूदे हैं,
ययातियों के चरण पास उन सपनों के सर फूटे हैं।

तन बेचे, पहनाव खरीदे; मन बेचे, ले मौज,
खुद से दूर-दूर जा ये सब करते किसकी खोज?

काम बचा, रति जल गई जिसमें, अ-शिव नेत्र की आग यह बीहड़,
सिंह ऊपर चढ़।

कण्वाश्रम[2] में कौन घुसा यह, कहे, 'कण्व, जा ले आ,
फल-फलादि जो भी हो, ला, और शकुन्तला को भी ला।'

---

1. पणि लोग प्राचीन काल के/में व्यापारी थे। राजा इन्द्र ने सरमा कुतिया को दूती बना के भेजा। पणिओं ने क्षीर आदि की लालच सरमा को दी। मूल कथा में सरमा ने पणियों की इस अयोग्य बात को अस्वीकार किया। इन्द्र ने पणियों को दंडित किया।
2. 'वाक्-सूक्त' : 'अहं राष्ट्री, संगमनी वसूनाम्, चिकितुषी प्रथमा यग्यियनाम्', 'अहं रुद्राय धनुरातनोमि', 'यं कामये तमुग्रं करोमि।'

और बाद में शुरू की गई गुरुपद की नीलामी,
ज्ञान-वान सब ठीक, मोर-मृग मारो, जीतो, बाजी।

घन-घमंड, सत्ता-घमंड ये,—निरे वृकोदर पशु,
खेले उन्हीं के बीच अकेला, धवल हास्यभर शिशु!

व्यासपीठ पर विदूषकों से इठलाते अध्यापक अनपढ़,
तू आगे बढ़।

अभी-अभी कुछ पहरों पहले प्रकटा नया सवेरा था,
इक था सूरज, दुबला-पतला, फिर भी खूब अनेरा था।

टूटा सूरज, सात रंग में हम सब बिखर पड़े हैं,
प्रलय-मेघ के रंग-धनुष हम, और निशाने पर भी हमीं खड़े हैं।

कोई न फिर भी व्यग्र, कोई ना उग्र, न कोई केसरिया,
सबद सुने, सिर धर दे, गुरु के सीख कहाँ तरवरिया?

अब मेरा ये हाथ जले नरसिम्ह-ज्वाल से[1], जरूर जगमग करनी है,
माँ, यह तेरी मढ़!
सिंह ऊपर चढ़।

तू राष्ट्री, वसु-संगमनी तू, चिकितुषी सबसे प्रथमा,
अन्त समुद्र के जल से तल से उठ त्वरित यहाँ आ।

कितनी देर-अबेर हुई, माँ, बड़ा अकेलापन लगता है,
पैर बाँध मैं रण में जूझूँ, पर आगे दुर्दिन लगता है।

सुनो मेरी आवाज, सरस्वती, स्वर अपना भी सुनाओ,
मेधावी, ऋषि, ब्राह्मण, स्नेह-कठोर! हमें उग्र बनाओ।

---

1. गुजरात के आदि कवि नरसिंह मेहता ने अपने हाथ को दीपशिखा सदृश जलाकर राधा-कृष्ण का दिव्य रास देखा था।

रुद्र-धनुष उठा, तू बना ले बाण हमें, लड़, लड़, मानव के लिए जुद्ध लड़।
तू आगे बढ़।

बिखरे-बिखरे जन शतपथ पर, उन्हें अंगिरा हाँक रहा है,
वाग्-धेनु के झुंड जा रहे वध-भवनों में, ताक रहा है।

नहीं आँख में आँसू, किसी के, नहीं होंठ पर हर्फ,
दक्ष यज्ञ में लोक चल पड़े, लिये हिए में बर्फ।

शंखनाद कर, चाप चक्र धर, भृकुटि वक्र कर, माता,
तू ही दक्षिणा, तू ही देव-दानव-मर्दिनी, तू त्राता।

भग्न वेदि में जल उठ प्रज्वल, स्वाहा, भस्य करो सब भड़भड़।
सिंह ऊपर चढ़!

[1994]

(अनुवाद : बंशीधर शर्मा)

✪✪✪